BASISWISSEN FIT IM JOB

# MITARBEITER-GESPRÄCHE

KEN LANGDON & CHRISTINA OSBORNE

DORLING KINDERSLEY

DORLING KINDERSLEY

**Cheflektorat** Nina Hathway
**Reihenbildbetreuung** Jamie Hanson
**DTP-Design** Julian Dams
**Herstellung** Michelle Thomas

**Lektorat** Adèle Hayward
**Cheflektorat** Stephanie Jackson
**Chefbildlektorat** Nigel Duffield

Für Dorling Kindersley produziert von

COOLING BROWN
Hampton, Middlesex

**Redaktion** Amanda Lebentz
**Gestaltung** Arthur Brown

Die Deutsche Bibliothek – CIP-Einheitsaufnahme
Ein Titeldatensatz für diese Publikation ist bei Der Deutschen Bibliothek erhältlich.

Titel der englischen Originalausgabe:
Appraising Staff



**Übersetzung** Ekkehard Dengler
**Redaktion** Michael Holtmann
**Satz** Verlagsbüro Michael Holtmann, Bayreuth

ISBN 3-8310-0304-1

Printed in Hong Kong by Wing King Tong

Besuchen Sie uns im Internet
**www.dk.com**

# INHALT

4 EINLEITUNG

## DER SINN VON BEURTEILUNGEN

6 PERSONALFÖRDERUNG

8 BEURTEILUNGSMETHODEN

10 ZIELE DEFINIEREN

12 ZIELE VERWIRKLICHEN

14 EIGENVERANTWORTUNG FÖRDERN

16 ERFOLGE BELOHNEN

## DIE BEURTEILUNG VORBEREITEN

18 GEZIELTE VORBEREITUNG

20 LEISTUNGSBEWERTUNG

22 Ziel-Bestimmung

24 Voraus-planen

26 Schaffung einer positiven Atmosphäre

28 Objektiv bleiben

30 Planung des Gesprächsablaufs


## Durchführung des Gesprächs


32 Eröffnung

34 Festlegung der Tagesordnung

36 Dialog fördern

38 Praktische Aspekte

40 Signale verstehen

44 Engagement beurteilen

46 Schwierige Situationen meistern

48 Leistungsschwächen beheben

50 Entwicklungschancen erörtern

52 Über Ambitionen und Perspektiven diskutieren

54 Massnahmen planen

56 Gesprächsergebnisse zusammenfassen


## Die Nachbereitung


58 Fortschritte überwachen

60 Entwicklungs-pläne umsetzen

62 Teamgeist fördern

64 Beurteilen Sie sich selbst

66 Testen Sie Ihre Fähigkeiten als Beurteiler

70 Register

72 Dank

# EINLEITUNG

Die Fähigkeit, Angestellte durch richtige Beurteilung zu fördern und zu motivieren, ist eine unabdingbare Voraussetzung für die Führung eines Unternehmens. Regelmäßiges, konstruktives Feedback in Bezug auf erbrachte Leistungen ist unerlässlich, wenn Mitarbeiter auf ihren Stärken aufbauen und ihr Potenzial ausschöpfen sollen. Dieses Buch vermittelt Ihnen Schritt für Schritt alle Fähigkeiten und Techniken, die Sie benötigen, um Beurteilungen effektiv zu gestalten. Sie erhalten eine Vielzahl von Ratschlägen, die Ihnen unter anderem helfen, zu einer offenen Diskussion anzuregen, Körpersprache zu interpretieren, Vertrauen zu gewinnen und richtig auf Leistungsschwächen zu reagieren. Mit 101 praktischen Tipps, die über alle Kapitel verteilt sind, und einem Selbsttest, der es Ihnen erlaubt, Ihre eigenen Fähigkeiten als Beurteiler einzuschätzen, ist dieses Buch ein wertvoller kompakter Ratgeber zum Thema Personalbeurteilung.

# Der Sinn von Beurteilungen

Effektive Personalbeurteilung gehört zu den Grundlagen erfolgreichen Managements. Sie sollten wissen, wie ein Beurteilungsprozess abläuft und wie man von einem richtig praktizierten Beurteilungssystem profitiert.

## Personalförderung

*Regelmäßiges Feedback fördert die Mitarbeiter und hilft ihnen, ihre Ziele zu erreichen. Schaffen Sie eine Atmosphäre, in der beständige Rückmeldungen als positiv angesehen werden. Das eigentliche Beurteilungsgespräch sollte auf diesem informellen Feedback aufbauen.*

**1** **Halten Sie Mitarbeiter dazu an, ihr Potenzial auszuschöpfen.**

**2** **Loben Sie jede gute Leistung, um Mitarbeiter dazu zu motivieren, sich weiter zu steigern.**

### Feedback geben

Jeder Angestellte will wissen, wie seine Leistungen von seinem Vorgesetzten bewertet werden. Entsprechende Rückmeldungen müssen regelmäßig erfolgen, gleich, ob sie positiver oder negativer Art sind. Richtiges Feedback erleichtert es Teammitgliedern, zu erkennen, inwiefern sie an ihren Fähigkeiten, Kenntnissen und Einstellungen arbeiten müssen. Selbst die erfolgreichsten Leistungsträger benötigen Feedback, um ihren Leistungsstand zu halten. Führungskräfte, die regelmäßiges Feedback geben, sorgen dafür, dass jeder genau weiß, woran er ist.

## BEURTEILUNGSGESPRÄCHE

Die eigentlichen Beurteilungsgespräche, die Sie regelmäßig mit Ihren Teammitgliedern abhalten, dienen dazu, das nebenbei gegebene kontinuierliche Feedback weiterzuführen. Wenn Ihre beständigen Rückmeldungen effektiv waren, birgt das Beurteilungsgespräch für den Mitarbeiter keinerlei Überraschung, und die Atmosphäre ist dementsprechend positiv und sachlich. Die Beurteilung ist in zwei Teile gegliedert: die Leistungsbewertung und die Entwicklungsbewertung. Erstere gestattet es Ihnen, zusammen mit dem Angestellten festzuhalten, welche Arbeitsziele dieser im betreffenden Zeitraum erreicht hat und inwieweit es ihm gelungen ist, seine Fähigkeiten und Kenntnisse zu erweitern. Die Entwicklungsbewertung soll aufzeigen, was unternommen werden muss, um Erfolge zu sichern oder neue Ziele zu verwirklichen. Durch diesen Teil der Beurteilung können Sie einerseits dafür sorgen, dass der Mitarbeiter ständig dazulernt, und ihn andererseits darauf vorbereiten, mehr Verantwortung zu übernehmen.

### BEURTEILUNGEN OPTIMAL NUTZEN

Nutzen Sie Beurteilungen dazu,

- Motivation und Arbeitsmoral von Mitarbeitern nachhaltig zu stärken,
- immer neue Leistungssteigerungen zu bewirken,
- klarzustellen, wer welchen Beitrag zu leisten hat,
- individuelle Aufgabenstellungen auf Ziele von Unternehmen und Team abzustimmen,
- die Entwicklung von Mitarbeitern zu verfolgen,
- Fortbildungsbedarf zu erkennen,
- Erfolge zu würdigen und aus Misserfolgen zu lernen,
- das vorhandene Potenzial einzuschätzen und
- Anregungen zu sammeln.

▲ **BEURTEILUNGSPROZESS**
*Effektive Beurteilung beruht auf regelmäßigem Feedback. Auf dieser Grundlage werden Leistung und Entwicklung eines Teammitglieds im Rahmen eines Gesprächs bewertet.*

**3** Sorgen Sie dafür, dass jeder Einzelne seinen Wert für das Unternehmen kennt.

## EFFEKTIVE BEURTEILUNG

Denken Sie gut darüber nach, wie Sie Feedback geben. Wenn Sie eine gute Basis für die Zukunft schaffen wollen, ist es wichtig, dass Sie sich konstruktiv äußern und Zukunftsperspektiven betonen. Sorgen Sie stets dafür, dass ein offener und ehrlicher Dialog zustande kommt. Achten Sie darauf, wie Sie sich ausdrücken, denn wie Mitarbeiter auf Ihr Feedback reagieren, hängt auch von Ihrem Umgangston ab. Vergessen Sie nicht, dass Kritik manchmal schwer zu verkraften ist, auch wenn man sie selbst als gerechtfertigt ansieht.

# BEURTEILUNGSMETHODEN

*Es gibt drei unterschiedliche Arten der Beurteilung, die jeweils ein eigenes Verfahren zur Leistungsbewertung implizieren. Lernen Sie, wozu Top-down-, Peer- und 360-Grad-Beurteilungen dienen, und warum eine Selbsteinschätzung des Angestellten stets wichtig ist.*

**4** Erklären Sie Mitarbeitern, nach welchem Verfahren sie beurteilt werden.

**5** Sehen Sie, wie die Leistung eines Mitarbeiters von anderen eingeschätzt wird.

## TOP-DOWN-BEURTEILUNG

Bei dieser Methode wird ein Mitarbeiter von seinem nächsten Vorgesetzten beurteilt, der ihn am besten kennt und befugt ist, mit ihm einen Entwicklungsplan für die Zukunft zu vereinbaren. In manchen Unternehmen wird eine Art Matrix verwendet: Ein Manager schätzt den Wert eines Angestellten für eine bestimmte Niederlassung ein, während ein anderer den Beitrag zu dem betreffenden Geschäftsbereich bewertet. Ein Personalexperte, der für die Gestaltung neuer Verträge mit Angestellten zuständig ist, wird beispielsweise von einem Manager beurteilt, der sich in Personal- oder Rechtsfragen auskennt.

## PEER-BEURTEILUNG

Hier befindet sich der Beurteiler stets auf gleicher Ebene wie der Beurteilte und ist auf Grund seiner genauen Kenntnis der Aufgaben und Pflichten des Beurteilten in der Lage, eine fundierte Meinung über dessen Fähigkeiten zu äußern. Dieses Verfahren wird oft in den freien Berufen angewandt, in denen der Meinung von Fachleuten über die Berufsethik und die fachliche Kompetenz von Kollegen große Bedeutung zukommt. Wenn solche Aussagen über Kollegen in einen umfassenden Beurteilungsprozess einfließen, profitiert davon die Praxis.

### NICHT VERGESSEN

- Die Peer-Beurteilung versetzt Kollegen in die Lage, voneinander zu lernen, wodurch sich die Leistung jedes Einzelnen verbessert.
- Damit die Peer-Beurteilung Erfolg haben kann, muss die Belegschaft ausdrücklich zum offenen Meinungsaustausch ermutigt werden.
- Um Feedback aus mehreren Quellen zu nutzen, wird oft eine Kombination aus Top-down- und Peer-Beurteilung angewendet.

## 360-GRAD-BEURTEILUNG

Wird diese Methode angewandt, holt der Beurteiler Feedback von jedem ein, der geschäftlich mit dem Beurteilten zu tun hatte, was dessen Kunden und Kollegen ebenso einschließt wie Mitglieder des Teams. In der Regel verschickt der Beurteiler dazu Formulare oder Fragebögen (wie zum Beispiel Zufriedenheitsfragebögen für Kunden) und berücksichtigt die Antworten bei der Vorbereitung des Beurteilungsgesprächs. Diese Art der Beurteilung wird immer beliebter, da eine Bewertung der Leistung eines Angestellten durch Vorgesetzte, Kollegen sowie interne und externe Kunden oft sehr aufschlussreich ist.

**6** Sorgen Sie dafür, dass Kundenfragebögen nützliches Feedback ergeben.

**7** Bewerten Sie alle Auskünfte sorgfältig, damit sie fundiert und nützlich sind.

### SELBSTEINSCHÄTZUNG DES MITARBEITERS

Indem Angestellte sich selbst einschätzen, nehmen sie aktiv am Beurteilungsprozess teil. Die Tatsache, dass sie bei sich selbst oft besonders strenge Maßstäbe anlegen, kann die Beurteilung effektiver machen. Sie als Vorgesetzter sind wahrscheinlich weniger rigoros und können positive Aspekte der Antworten von Angestellten herausstreichen und deren Erfolge und Stärken loben. Fragen, die zur Selbsteinschätzung dienen, sollten so gestaltet sein, dass sie dem Mitarbeiter eine korrekte Analyse seiner Leistungen ermöglichen. Der zu Beurteilende sollte durch die Beantwortung der Fragen auf das Beurteilungsgespräch vorbereitet werden und eventuellen Verbesserungsbedarf erkennen. Stellen Sie keine Fragen, die dem Mitarbeiter nahe legen, nur Ihre bestehenden Meinungen zu untermauern, denn so ist keine konstruktive Beurteilung möglich.

**DENKANSTÖSSE ▶**

*Durch Selbsteinschätzung sind Mitarbeiter in den Beurteilungsprozess eingebunden und werden dazu angeregt, über ihre Leistungen und ihre zukünftige Entwicklung nachzudenken.*

# ZIELE DEFINIEREN

*Bedenken Sie, dass die Aktualisierung von Stellenbeschreibungen unerlässlich ist, wenn Sie Beurteilungen dazu nutzen wollen, Aufgabenstellungen zu besprechen, zu revidieren und auf die Ziele des Unternehmens abzustimmen.*

**8** Planen Sie voraus und rechnen Sie damit, dass weitere Änderungen notwendig werden.

**9** Bereiten Sie sich auf den Kontakt mit neuen Angestellten vor.

## NEUE ANGESTELLTE

Der Prozess der Festlegung von Arbeitszielen beginnt, sobald ein Mitarbeiter zu Ihrem Team stößt. Er sollte bei der Einweisung zunächst mit der Zielsetzung Ihres Unternehmens vertraut gemacht werden; danach sollten Sie ihn jedoch in einem gesonderten Treffen zur Einweisung befragen, mit ihm eine Stellenbeschreibung erarbeiten und Leistungsziele definieren, denn sonst arbeitet ein neuer Angestellter u. U. monatelang, bevor er das erste Mal beurteilt wird. In dem Gespräch können Sie auch Fortbildungsbedarf erkennen, Entwicklungsmaßnahmen planen und feststellen, mit welchen anderen Mitarbeitern Treffen nötig sind.

## ARBEITSZIELE DOKUMENTIEREN

Jeder Mitarbeiter braucht eine ständig aktualisierte Stellenbeschreibung, damit er weiß, was von ihm erwartet wird und worin seine Arbeitsziele bestehen. Die gemeinsame Ausarbeitung einer Stellenbeschreibung kann getrennt vom Beurteilungsgespräch erfolgen, damit der Mitarbeiter selbst herausfinden kann, ob er Anleitung benötigt oder sich fortbilden muss. Seien Sie sich im Klaren darüber, dass sich die Rolle eines Mitarbeiters zwischen zwei Beurteilungen ändern kann. Beurteilungsgespräche gestatten es Ihnen, Stellenbeschreibungen zu aktualisieren und sicherzustellen, dass die Ziele eines Mitarbeiters mit denen des Teams und des Unternehmens vereinbar sind.

### NICHT VERGESSEN

- Wenn Sie alle zwei Monate etwas Zeit in die Überprüfung und Aktualisierung von Stellenbeschreibungen investieren, ist es leichter, auf Veränderungen zu reagieren.
- Eine Stellenbeschreibung sollte zunächst übergeordnete Arbeitsziele klar definieren und dann einzelne Tätigkeitsfelder auflisten.
- Stellenbeschreibungen sollten so knapp wie möglich sein – möglichst nicht länger als eine DIN-A4-Seite – und nur die hauptsächlichen Pflichten nennen, nicht alle täglichen Aktivitäten detailliert darstellen.

### BESTIMMUNG VON ARBEITSZIELEN

**Eine Einweisung wird durchgeführt, um neue Mitarbeiter mit den Zielen des Unternehmens vertraut zu machen.**

↓

**Das nächste Treffen dient dazu, Verantwortlichkeiten zu klären sowie die Ziele des Einzelnen und des Teams zu definieren.**

↓

**Stellenbeschreibungen werden vereinbart und ausgearbeitet, um zielorientiertes Arbeiten zu erleichtern.**

↓

**Die Stellenbeschreibungen werden regelmäßig überprüft und den Zielsetzungen des Teams und des Unternehmens angepasst.**

↓

**Führungskraft nutzt Gespräche, um mit Angestellten, deren Prioritäten sich geändert haben, über neue Aufgaben zu diskutieren.**

↓

**Stellenbeschreibungen werden bei Bedarf aktualisiert, und neue Arbeitsziele werden formuliert.**

**11** Versuchen Sie Vorsätze in Arbeitsziele umzuwandeln.

## ENTWICKLUNG PLANEN

So wie die Aufgaben verschiedener Teams innerhalb eines Unternehmens, weisen auch die Fortbildungspläne der Mitarbeiter Gemeinsamkeiten auf. Indem Sie bei jeder Beurteilung den vorhandenen Fortbildungs- und Entwicklungsbedarf einschätzen, werden Sie in der Lage sein, die Anforderungen des einzelnen Mitarbeiters mit denen seines Teams und des gesamten Unternehmens zu vereinbaren. Beurteilungsgespräche und Entwicklungspläne für Mitarbeiter sind wichtige Informationsquellen, die es einem Unternehmen gestatten, Fortbildungsmaßnahmen gezielt vorzubereiten. Persönliche Entwicklungspläne sollten genau angeben, welche Ergebnisse angestrebt werden.

**10** Nutzen Sie Beurteilungsgespräche dazu, sicherzustellen, dass Mitarbeiter ihr Potenzial realistisch einschätzen.

## LANGFRISTIGE PERSPEKTIVEN

Beurteilungsgespräche helfen Ihnen auch, auf lange Sicht zu planen. Wenn Sie das Potenzial jedes einzelnen Mitarbeiters bewerten und mit ihm über seine Karrierevorstellungen reden, sind Sie in der Lage, sich vorzustellen, wie Ihr Team in Zukunft aussehen könnte. Das Beurteilungsgespräch kann Ihnen auch Aufschluss darüber geben, wann ein Mitarbeiter reif für eine Beförderung ist. Überlegen Sie, was Sie tun würden, wenn einer Ihrer Mitarbeiter plötzlich befördert würde und Ihr Team verließe oder wenn Ihr eigener Tätigkeitsbereich sich ändern würde. Indem Sie vorausplanen, vermeiden Sie das Risiko, in einer Übergangsphase nicht mehr effektiv arbeiten zu können. Außerdem stellen Sie sicher, dass andere Teammitglieder durch einen Wechsel nicht gestört werden.

# ZIELE VERWIRKLICHEN

*Beurteilungsgespräche helfen auch, konzentriert auf individuelle Ziele hinzuarbeiten. Wenn Sie ehrgeizige, aber realistische Leistungsziele in Verbindung mit quantitativen Erfolgskriterien setzen, wissen Sie und Ihre Mitarbeiter genau, wie die Ergebnisse zu bewerten sind.*

**12** Sichern Sie, dass jedes Leistungsziel eine erreichbare Herausforderung bedeutet.

**13** Formulieren Sie anspruchsvolle, aber realistische Ziele, die motivieren.

**14** Sichern Sie, dass individuelle Zielsetzungen koordinierte Teamarbeit erbringen.

## LEISTUNGSZIELE BESTIMMEN

Ein wesentlicher Aspekt von Beurteilungsgesprächen besteht in der Festlegung von Zielen, die an quantitative Kriterien geknüpft sind. Leistungsziele müssen in Zahlen auszudrücken sein, damit jeder Beurteilte eine genaue Vorgabe erhält und sich bestätigt fühlt, wenn er sie übertrifft. Ermutigen Sie Mitarbeiter, ein Ziel vorzuschlagen, das sie als eine Herausforderung empfinden. Wenn Mitarbeiter selbst entscheiden, was machbar ist, sind sie motivierter. Denken Sie daran, dass Angestellte sich oft Ziele setzen, die über das hinausgehen, was ein Beurteiler ihnen vorgeben würde. Es kommt nur selten vor, dass jemand ein Ziel vorschlägt, das weit unterhalb dessen liegt, was er für das bestmögliche Ergebnis hält.

### INTELLIGENTE ZIELE

In einem positiven Beurteilungsumfeld wird Wert auf intelligente Ziele gelegt – es wird sichergestellt, dass jedes Ziel klar formuliert, messbar, verbindlich, sinnvoll und an einen Zeitplan gebunden ist. Sorgen Sie für intelligente Ziele, indem Sie Ziele vereinbaren, die:

- genau festlegen, was der Mitarbeiter erreichen soll, und spezifizieren, was er wie zu tun hat und bis wann,
- an einen klaren Maßstab gebunden sind, was die Effizienz und die Effektivität betrifft,
- vom Beurteilten vorgeschlagen und vom Beurteiler nach Diskussion akzeptiert wurden,
- eindeutig den Fähigkeiten des Beurteilten entsprechen und mit dessen Ressourcen erreicht werden können und
- an einen fest vereinbarten Zeitplan gekoppelt sind.

## WAHL RICHTIGER KRITERIEN

Einige Leistungsziele lassen sich nur schwer in quantitative Vorgaben übertragen. Ergebnisse können auf verschiedene Weise definiert werden, und aus diesem Grund ist es wichtig, Kriterien zu wählen, die dem Mitarbeiter und der jeweiligen Zielsetzung angemessen sind. Wenn Sie zum Beispiel einen Erfolgsmaßstab für das Verfassen eines Berichts festlegen wollen, könnte ein qualitatives Kriterium in der Frage bestehen, ob man durch die Lektüre des Berichts dazu befähigt würde, eine fundierte Entscheidung zu fällen. Sie können ein qualitatives Kriterium wie die Schnelligkeit der Reaktion auf Kundenanfragen in ein quantitatives verwandeln, indem Sie beschließen zu zählen, wie oft das Telefon klingelt, bevor der Hörer abgenommen wird. Ein anderes qualitatives Kriterium könnte ein Fragebogen liefern, auf dem Kunden angeben, ob sie mit dem erhaltenen Service zufrieden sind. Damit Sie und der Beurteilte den richtigen Maßstab bestimmen, sollten Sie sich fragen, welches Ergebnis für Sie einen Erfolg bedeuten würde.

### WICHTIGE FRAGEN

**F** Weiß ich, was unsere Kunden vom Beurteilten erwarten?

**F** Werden wir später sicher feststellen können, ob ein vereinbartes qualitatives Leistungskriterium erfüllt worden ist oder nicht?

**F** Gibt es eine Möglichkeit, ein qualitatives Kriterium in ein quantitatives umzuwandeln?

**F** Gehen wir bei der Festsetzung des Erfolgsmaßstabs von einer zukünftigen Leistungssteigerung aus?

**15** **Seien Sie in der Lage, sich auf eine neue Situation einzustellen.**

### VEREINBARUNG EINES MASSSTABS

*Obwohl Ute das Ziel hatte, bessere Berichte zu schreiben, war sie nicht in der Lage, ihr Leistungsniveau zu heben, weil Kurt ihr nicht genügend Information geliefert hatte. Indem er qualitative und quantitative Kriterien festlegte, gab er Ute einen klaren Maßstab an die Hand und machte klar, was von ihr erwartet wurde. Utes Leistungen verbesserten sich deutlich.*

**FALLBEISPIEL**

Kurt, ein Vertriebsleiter, stellte wiederholt fest, dass die Berichte, die seine Assistentin Ute schrieb, schlecht strukturiert und fehlerhaft waren. Während des Beurteilungsgesprächs kamen beide Seiten überein, dass Ute sich bemühen sollte, bessere Berichte zu schreiben, doch entsprachen Utes Berichte auch Wochen später noch nicht Kurts Anforderungen. Kurt erkannte, dass Ute klarere Anweisungen brauchte, um ihr Ziel zu erreichen, denn er hatte es versäumt, einen Leistungsmaßstab zu bestimmen. Beide vereinbarten, dass Utes Berichte in Zukunft einem vorgegeben Schema folgen sollten, zu dem eine 500–600 Wörter lange Einleitung gehörte sowie eine Zusammenfassung der Hauptpunkte am Schluss. Außerdem sollte Ute alle Fakten überprüfen, damit Kurt ihre Entwürfe nicht mehr zu korrigieren brauchte. Die Folge war, dass Ute es bald schaffte, vollkommen professionelle Berichte zu verfassen.

# EIGENVERANTWORTUNG FÖRDERN

*Mitarbeiter müssen von ihren Zielen überzeugt sein, wenn sie ihre Aufgaben erfolgreich ausführen sollen. Nutzen Sie Beurteilungsgespräche dazu, Angestellten Verantwortung zu übertragen und sie zur Eigeninitiative zu ermuntern.*

**16** Gehen Sie davon aus, dass jeder gute Arbeit für Sie leisten will.

### AUFGABEN DELEGIEREN

**Vereinbaren Sie mit einem Teammitglied ein Arbeitsziel.**

↓

**Überlassen Sie es dem Mitarbeiter, sich eine Vorgehensweise zu überlegen.**

↓

**Vereinbaren Sie einen verbindlichen Plan.**

↓

**Bitten Sie den Mitarbeiter um Vorschläge, falls der Plan modifiziert werden muss.**

↓

**Legen Sie zusammen mit dem Mitarbeiter einen Leistungsmaßstab fest.**

**17** Fragen Sie Teammitglieder, welches Vorgehen sie für angebracht halten.

## VERANTWORTUNG ABGEBEN

Wenn Sie Teammitgliedern Verantwortung übertragen, haben diese mehr Einfluss auf die Resultate, denn effektives Delegieren bedeutet, dass Mitarbeiter und Vorgesetzter zusammen ein genaues Arbeitsziel festlegen und die entsprechenden Verantwortlichkeiten eindeutig klären. Das Teammitglied ist somit in der Lage, selbstständig an der Verwirklichung des Ziels zu arbeiten und alle auftretenden Probleme selbstständig zu lösen. Fördern Sie in Ihrer Umgebung Eigenverantwortung, indem Sie die Mitarbeiter ermutigen, zunehmend unabhängig von Ihnen zu arbeiten – so erhöhen Sie deren Effektivität und sparen selbst Zeit. Betonen Sie, dass Sie lieber Lösungsvorschläge als Problemberichte hören, besonders während des Beurteilungsgesprächs. Halten Sie Ihre Mitarbeiter dazu an, schwierige Situationen zu analysieren, über Lösungen nachzudenken und geeignete Maßnahmen vorzuschlagen.

### TUN UND LASSEN

- ✔ Lassen Sie Mitarbeiter aus Fehlern lernen.
- ✔ Regen Sie Mitarbeiter dazu an, sich unterschiedliche Lösungen für ein Problem zu überlegen.
- ✗ Gehen Sie nicht davon aus, immer die beste Lösung parat zu haben.
- ✗ Lassen Sie nicht zu, dass durch Fehler von Mitarbeitern ein wichtiges Arbeitsziel verfehlt wird.

**VERANTWORTLICHKEITEN KLÄREN ▼**

*Halten Sie den Mitarbeiter während des Beurteilungsgesprächs an, sich zu notieren, was zu tun ist. Mit Hilfe der Notizen wird er am Ende der Sitzung in der Lage sein, seinen Aktionsplan zusammenzufassen.*

## ÜBERZEUGUNGSARBEIT

Wenn Sie eine Aufgabe delegiert haben, muss der Beurteilte vollauf von ihrem Sinn überzeugt und entschlossen sein, den Aktionsplan konsequent umzusetzen. Bei der Vereinbarung von Zielen und Maßnahmen während des Beurteilungsgesprächs müssen alle Seiten sich darüber im Klaren sein, welche Ergebnisse angestrebt werden. Fehlt es dem Mitarbeiter an Entschlossenheit, besteht die Gefahr, dass er die Aufgabe wieder Ihnen überträgt, womöglich kurz vor dem Stichtag. Wenn jemand keine Verantwortung übernehmen will, müssen Sie herausfinden, warum er Bedenken hat. Zweifelt der Beurteilte an seiner Eignung, sollten Sie darüber nachdenken, ob sie die Aufgabe so verändern können, dass er überzeugt ist, ihr gewachsen zu sein.

## ZU EIGENINITIATIVE ANREGEN

Erklären Sie dem Beurteilten während des Gesprächs, wie er an seine Aufgabe herangehen soll. Lassen Sie sich nicht auf Diskussionen über die richtige Vorgehensweise ein; konzentrieren Sie sich stattdessen auf die angestrebten Ergebnisse. Lassen Sie den Beurteilten wissen, dass Sie von seinen Fähigkeiten überzeugt sind und erwarten, dass er selbst die Initiative ergreift. Vereinbaren Sie Etappenziele, damit Sie sich nicht ständig nach Fortschritten erkundigen müssen. Denken Sie daran, dass es wichtig ist, Mitarbeiter für signifikante Fortschritte zu loben. »Danke« und »Gut gemacht« sind zwei der Äußerungen, die auf Mitarbeiter am stärksten motivierend wirken.

### NICHT VERGESSEN

- Mitarbeiter, die überzeugt sind, dass sie ein Ziel selbstständig erreichen können, fühlen sich für die Ergebnisse in höherem Maß verantwortlich.
- Gute Führungskräfte loben ihre Mitarbeiter, wenn diese neue Wege finden, die zum Erfolg führen.
- Die Entscheidung, etwas zu tun, ist erst dann unwiderruflich, wenn der erste Schritt gemacht ist.
- Mitarbeiter nehmen am Prozess des Delegierens aktiver teil, wenn sie dazu ermutigt werden, Anweisungen zu hinterfragen und Aufgaben zu nennen, die delegiert werden könnten.

# ERFOLGE BELOHNEN

*Effektive Beurteilungsgespräche erlauben es Ihnen, Mitarbeiter für gute Leistungen zu belohnen. Denken Sie nicht nur an eine Gehaltserhöhung, sondern finden Sie heraus, welche Belohnung den Bedürfnissen des Einzelnen und des Unternehmens entspricht.*

**18** **Vergewissern Sie sich, dass die Belohnung mit den Zielen des Unternehmens vereinbar ist.**

**19** **Vergeben Sie nur Belohnungen, die einzelne Mitglieder des Teams verdient haben.**

## NICHT-FINANZIELLE BELOHNUNGEN

Zwischen dem Gehalt eines Angestellten und seinem Stellenwert besteht ein Zusammenhang. Finden Sie andere Möglichkeiten als das Gehalt, leistungsstarke Angestellte zu belohnen. Solche Menschen beziehen ihre Motivation aus Feedback und verlieren sie, wenn sie feststellen, dass weniger effektive Kollegen das Gleiche erhalten. Wenn die Beurteilung jedoch als ein Hindernis angesehen wird, das es zu überwinden gilt, um eine Gehaltserhöhung zu bekommen, verunsichert dies wahrscheinlich. Aus diesem Grund werden Beurteilungen und Gehaltsanpassungen vielerorts zu verschiedenen Zeitpunkten vorgenommen.

**PRÄSENTE ▼**

*Geschenke oder zusätzliche Urlaubstage sind eine gute Möglichkeit, Leistungen anzuerkennen. Finden Sie während des Beurteilungsgesprächs heraus, wie ein bestimmtes Teammitglied gern belohnt werden möchte. So fallen Ihnen leichter Belohnungen ein, die nicht finanzieller Art sind.*

*Teammitglied erhält Präsent als Belohnung für das Erreichen seiner Arbeitsziele.*

*Kollegen werden motiviert, dem guten Beispiel zu folgen*

**BEDÜRFNISANALYSE ▼**

*Dieses vereinfachte Modell der Hierarchie der Bedürfnisse nach dem Psychologen Abraham Maslow zeigt, wie wichtig es ist, Bedürfnisse auf den unteren Ebenen zu befriedigen, bevor man versucht, Menschen zu motivieren. Ein Auto befriedigt ein soziales Bedürfnis und kann motivierend wirken, jedoch erst, wenn alle physiologischen Bedürfnisse gestillt sind.*

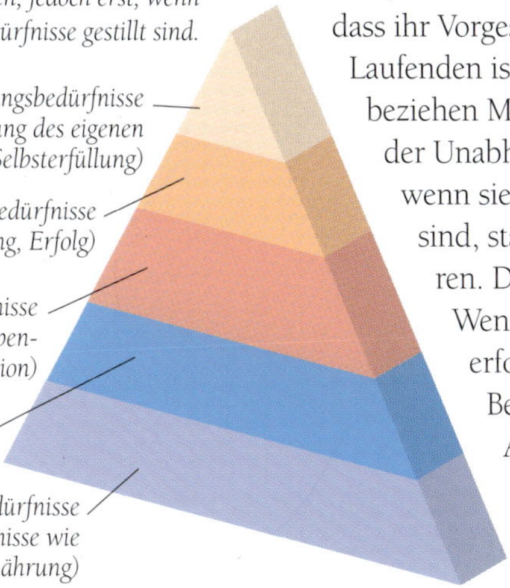


## MITARBEITER MOTIVIEREN

Ein Beurteilungsgespräch gibt Ihnen die Gelegenheit, einen Mitarbeiter zu belohnen, indem Sie sich bei ihm bedanken und ihn motivieren. Allein die Tatsache, dass Sie Zeit mit ihm verbringen und über seine Arbeit reden, ist ein Ansporn. Angestellte wissen gern, dass ihr Vorgesetzter über ihre Arbeit auf dem Laufenden ist. Die meisten Angestellten beziehen Motivation auch aus einem Gefühl der Unabhängigkeit, das sich einstellt, wenn sie für Resultate verantwortlich sind, statt nur Anweisungen auszuführen. Delegieren Sie so viel wie möglich. Wenn ein Teammitglied eine Aufgabe erfolgreich ausführt, hebt die Befriedigung darüber seine Arbeitsmoral enorm. Denken Sie darüber nach, wie Sie jeden einzelnen Mitarbeiter motivieren können.

## AUF ERFOLGEN AUFBAUEN

Sie können Beurteilungsgespräche auch dazu nutzen, die Entwicklung Ihres Teams zu fördern: Indem Sie über bisherige Erfolge sprechen, tragen Sie dazu bei, dass diese wiederholt oder sogar übertroffen werden. Prüfen Sie, ob Sie auf guten Leistungen aufbauen können, indem Sie ein Teammitglied befördern oder ihm die Gelegenheit geben, an Entwicklungsaktivitäten teilzunehmen. Dies stellt nicht nur eine Belohnung für den Mitarbeiter dar, sondern erhöht auch seine Effektivität. Sprechen Sie mit dem Mitarbeiter darüber, wie er die in seinem Entwicklungsplan festgehaltenen Aktivitäten seit seiner letzten Beurteilung dazu genutzt hat, seine Fähigkeiten zu erweitern. Dies verdeutlicht dem Beurteilten die Bedeutung dieser Aktivitäten und zeigt ihm, inwiefern sein Beitrag wertvoller für das Team und das Unternehmen geworden ist.

**20** **Versuchen Sie, herauszufinden, was Ihre Mitarbeiter motiviert.**

**21** **Denken Sie daran, dass Erfolge oft zu weiteren Erfolgen führen.**

# DIE BEURTEILUNG VORBEREITEN

Ein effektives Beurteilungsgespräch erfordert Vorbereitung. Sorgen Sie dafür, dass es ein Erfolg wird, indem Sie jeden Aspekt sorgfältig planen und sicherstellen, dass auch der zu Beurteilende gut vorbereitet ist.

## GEZIELTE VORBEREITUNG

*Beide Teilnehmer spielen eine bestimmte Rolle. Machen Sie sich Ihre Aufgabe bewusst, damit ein zielgerichtetes Gespräch zustande kommt, und erklären Sie dem zu Beurteilenden, was Sie von ihm erwarten, damit auch er sich richtig vorbereiten kann.*

**22** Nutzen Sie die für Beurteilungen aufgewendete Zeit optimal, indem Sie vorausplanen.

**23** Bereiten Sie ein Gespräch über die Arbeit vor, nicht über die Person.

**24** Vergewissern Sie sich vorab, dass Sie über alle Materialien für die Beurteilung verfügen.

### DIE ROLLE DES BEURTEILERS

Aufgabe des Beurteilers ist es, den Beurteilten zu ermutigen und ihn durch das Gespräch zu führen. Sie sollten sich eher als Stichwortgeber oder Diskussionsleiter verstehen denn als Richter. Regeln Sie die logistischen Aspekte des Treffens mindestens zwei Wochen vorher. Notieren Sie sich Themen, über die Sie reden wollen, und ordnen Sie sie nach ihrer Wichtigkeit, sodass Sie im Voraus wissen, was Sie unbedingt abhandeln müssen. Überlegen Sie sich Fragen, die den Mitarbeiter zum Reden animieren. Lesen Sie etwaige Hinweise zu den von Ihrem Unternehmen erstellten Beurteilungsunterlagen.

### NICHT VERGESSEN

- Der zu beurteilende Mitarbeiter sollte vorbereitet sein, sich während des Gesprächs Notizen zu machen.
- Beurteilungsgespräche sind effektiver, wenn der zu Beurteilende weiß, was er zu erwarten hat.
- Ein Beurteilungsgespräch hat für einen Angestellten hohen Stellenwert; der Beurteiler sollte versuchen, die Erwartungen zu erfüllen.

**▼ VORBEREITUNGSHILFE FÜR MITARBEITER**

*Der Fragebogen zur Selbsteinschätzung sollte so gestaltet sein, dass er dem Mitarbeiter hilft, sich vorzubereiten. Stellen Sie sicher, dass der Mitarbeiter genug Platz hat, um die Fragen erschöpfend zu beantworten.*

# DIE ROLLE DES BEURTEILTEN

Für den Mitarbeiter bedeutet das Beurteilungsgespräch eine Möglichkeit, über seine Leistung und diesbezügliche Fortschritte, über seine Ziele und Perspektiven und über seine Einstellung zu reden. Helfen Sie dem zu Beurteilenden, sich vorzubereiten, indem Sie ihn einen Fragebogen zur Selbsteinschätzung ausfüllen lassen. Geben Sie ihm dafür reichlich Zeit. Bitten Sie ihn, Beispiele für Positives und Negatives zu nennen und sich zu überlegen, in welchen Bereichen Verbesserungen möglich sind. Hat sich seine Tätigkeit seit der letzten Beurteilung geändert oder sind bestimmte Aspekte wichtiger oder weniger wichtig geworden? Fordern Sie ihn auf, über Projekte zu berichten, an denen er beteiligt war, oder lohnenswerte Projekte für die Zukunft vorzuschlagen.

## FRAGEBOGEN ZUR SELBSTEINSCHÄTZUNG

**Name:** **Datum der Beurteilung:**

**Funktion:**

1. Mit welchem Erfolg haben Sie im vergangenen Jahr Ihre Aufgaben ausgeführt? Mit welchen Leistungen sind Sie besonders zufrieden und welche Stärken haben Sie dabei bewiesen?

*Regt zum Nachdenken über persönliche Prioritäten an*

2. In welchen Bereichen könnten Sie Ihre Leistung steigern und was wäre dazu nötig?

*Gibt dem Mitarbeiter Gelegenheit, Entwicklungsmaßnahmen vorzuschlagen*

3. Inwiefern hat sich Ihre Tätigkeit in den letzten 12 Monaten geändert und welche weiteren Veränderungen erwarten Sie? Gibt es Bereiche, in denen Sie sich Hilfestellung wünschen oder sich gerne fortbilden würden?

*Fordert den Mitarbeiter auf zu überlegen, inwiefern sich seine Rolle verändert hat*

4. Mit welchen Schwierigkeiten war die Erfüllung Ihrer Aufgaben in den vergangenen 12 Monaten verbunden? Wie haben Sie diese Probleme bewältigt? Gibt es noch etwas, das Sie daran hindert, alle Ihre Arbeitsziele zu erreichen?

*Regt dazu an, über Erfolge und die Überwindung von Hindernissen nachzudenken*

# LEISTUNGSBEWERTUNG

*Zur Vorbereitung gehört auch ein Rückblick. Stellen Sie fest, welche Fortschritte der Mitarbeiter gemacht hat, was Leistung und Entwicklung angeht. So wird es leichter für Sie, ihm angemessene neue Ziele zu setzen und seine zukünftigen Aktivitäten effektiv zu planen.*

**25** Gehen Sie bei der Stellenbeschreibung vom Unternehmen aus, nicht vom Mitarbeiter.

**26** Suchen Sie nach den Ursachen für Leistungsschwächen.

**27** Prüfen Sie nur die Fakten. Ignorieren Sie, was Sie von Dritten gehört haben.

## STELLENBESCHREIBUNGEN ÜBERPRÜFEN

Sehen Sie sich die Stellenbeschreibung des Mitarbeiters an, um herauszufinden, ob sich sein Aufgabenbereich seit der letzten Beurteilung geändert hat. Stellen Sie sicher, dass von Änderungen das Unternehmen profitiert und nicht nur der Angestellte. Wenn ein Mitarbeiter z. B. ungern Telefonakquise betreibt, hat er sich unter Umständen darauf konzentriert, bestehende Kunden zu bedienen, nicht darauf, neue zu gewinnen. Statt seine Stellenbeschreibung zu modifizieren, sollten Sie darüber nachdenken, den Mitarbeiter in Telefon- oder Telemarketing schulen zu lassen.

## FORTSCHRITTE BEWERTEN

Messen Sie die Leistungen des Mitarbeiters an seinen spezifischen Arbeitszielen. Streichen Sie lobenswerte Aspekte heraus und halten Sie den Mitarbeiter an, weiterhin so gut zu arbeiten. Fragen Sie sich, ob er eine positive Einstellung zur Arbeit gezeigt hat und in puncto Planung, Koordination und Organisation erfolgreich war. Wenn seine Leistung in einem bestimmten Bereich nicht den Anforderungen entspricht, denken Sie über mögliche Gründe nach. Fragen Sie sich, ob das Leistungsdefizit wirklich relevant ist. Wenn ihm geringe Bedeutung zukommt, ist vielleicht kein negatives Feedback nötig, speziell, wenn in anderen Bereichen hervorragende Ergebnisse erzielt wurden.

### DAS IST ZU TUN

1. Prüfen Sie, ob der vereinbarte Aktionsplan umgesetzt worden ist.
2. Wenn Maßnahmen nicht durchgeführt worden sind, finden Sie heraus, warum.
3. Stellen Sie fest, ob der Mitarbeiter für die erfolgreiche Ausführung von Aufgaben gelobt und/oder belohnt worden ist.

**28** Stellen Sie fest, ob ein Mitarbeiter genug Zeit hatte, sich weiterzuentwickeln.

# Entwicklung von Mitarbeitern verfolgen

Nachdem Sie Informationen über die Leistungen des zu beurteilenden Mitarbeiters zusammengetragen haben, sollten Sie die zu seiner Entwicklung getroffenen Maßnahmen auf ihren Nutzen überprüfen. Finden Sie heraus, ob die bei der letzten Beurteilung beschlossenen Entwicklungsmaßnahmen den gewünschten Effekt hatten. Vergewissern Sie sich, dass die entsprechenden Aktivitäten eine Leistungssteigerung zur Folge hatten, die bedeutend genug war, um das Geschäftsergebnis zu beeinflussen. Bewerten Sie zudem die beteiligten Coaches und Schulungseinrichtungen.

*Beurteilerin informiert sich, wie der Mitarbeiter von der Schulung im Umgang mit einem neuen Computerprogramm profitiert hat.*

◀ **AUF QUALITÄT ACHTEN**
*Fragen Sie Mitarbeiter, die an einer Schulung teilgenommen haben, nach ihrer Meinung zum Nutzen. Fordern Sie sie auf, zu zeigen, was sie gelernt haben; überlegen Sie, ob das Team von einer ähnlichen Demonstration profitieren könnte.*

# Probleme erkennen

Wenn geplante Entwicklungsmaßnahmen nicht umgesetzt worden sind, müssen Sie die Gründe ermitteln. Vielleicht hatte ein Angestellter auf Grund einer Ausnahmesituation in seiner Abteilung keine Möglichkeit, einen Lehrgang zu besuchen. Wenn das so war, finden Sie heraus, ob die Entrichtung der Stornierungsgebühr und die Verschwendung der Arbeitszeit des Lehrgangsleiters wirklich das kleinere Übel waren. Denken Sie darüber nach, ob der Mitarbeiter das Versäumte nachholen muss. Könnte sein Fortbildungsbedarf in Zukunft auf andere Weise gedeckt werden? Überlegen Sie auch, ob die richtigen Entwicklungsaktivitäten veranlasst worden sind.

## Wichtige Fragen

- **F** Hat der zu Beurteilende Probleme, auf die der Beurteiler keinen Einfluss hat?
- **F** Welche Hindernisse standen dem Erfolg im Weg?
- **F** Waren die Leistungsziele klar genug?
- **F** Ist eine Leistungsschwäche ein Indiz, dass Entwicklungsmaßnahmen erforderlich sind?
- **F** Ist der Mitarbeiter in der Lage, sich so zu entwickeln, dass er den Anforderungen gerecht wird?

# ZIELBESTIMMUNG

*Der nächste Schritt der Vorbereitung besteht darin, Ansatzpunkte für Verbesserungen zu erkennen und Arbeitsziele festzulegen, die dem Unternehmen dienlich sind. Bestimmen Sie den Leistungsstand des Mitarbeiters; suchen Sie nach Möglichkeiten, seine Kenntnisse zu verbessern.*

**29** Bringen Sie jedes Arbeitsziel in Einklang mit der Strategie des Unternehmens.

**30** Erstellen Sie eine Liste mit spezifischen Zielen für sich selbst und Ihr Team.

## ZIELORIENTIERUNG

Anspruchsvolle, aber realistische Ziele sind unerlässlich, wenn sich Mitarbeiter motiviert fühlen sollen, ihre Leistungen zu steigern. Bereiten Sie sich darauf vor, zusammen mit dem Mitarbeiter sinnvolle Ziele zu definieren, indem Sie die wichtigsten Bereiche seiner Tätigkeit betrachten. Wählen Sie die wichtigsten aus – nicht mehr als sechs – und bestimmen Sie geeignete Arbeitsziele. Formulieren Sie diese Ziele sorgfältig. Verwenden Sie klare Begriffe wie »Verkauf« und »Herstellung«. Vermeiden Sie vage Ausdrücke wie »Vermittlung« oder »Optimierung«.

## MESSBARE ZIELE FORMULIEREN

Wählen Sie für jedes Ziel einen Erfolgsmaßstab und stellen Sie sicher, dass Sie später über die nötigen Informationen verfügen werden, um die Leistungen des Beurteilten mithilfe dieses Maßstabs zu bewerten. Betrachten Sie auch die Ziele des Teams und des Unternehmens in Verbindung mit den Erfolgskriterien. Überlegen Sie, welcher Beitrag von jedem Teammitglied zu verlangen ist. Wenn das Umsatzziel Ihres Teams z. B. 3000000 Euro beträgt und das Team zehn Mitglieder umfasst, können Sie jedem Einzelnen einen Umsatz von 315000 Euro zum Ziel setzen. Die Verantwortung ist so gerecht verteilt; selbst wenn ein Mitglied sein Ziel verfehlt, besteht noch eine gute Chance, dass das Team insgesamt seine Vorgabe einhält.

**31** Formulieren Sie immer ehrgeizige und anspruchsvolle Ziele.

**32** Versuchen Sie in Ihren Ansprüchen an andere stets konsequent zu sein.

## MASSSTÄBE SETZEN

Es ist wichtig, in Bezug auf Arbeitsvorgänge und persönliches Verhalten Normen einzuführen, die es erlauben, die Eignung eines Mitarbeiters einzuschätzen. Stellen Sie sich dazu vor, wie ideales Verhalten aussehen würde. Wenn Sie z. B. wissen wollen, ob ein Angestellter in der Kundendienstabteilung wie vereinbart ein effektives Verfahren zur Kundenbetreuung entwickelt hat, können Sie sich vorstellen, wie sich ein vorbildlicher Mitarbeiter verhalten würde. Gehen Sie nicht von den Mitarbeitern aus, die eine Tätigkeit gegenwärtig ausüben, sondern konzentrieren Sie sich auf die Aufgabe und die erwünschten Ergebnisse. Prüfen Sie, ob der zu Beurteilende den Normen entspricht, damit Sie während der Beurteilungssitzung mit ihm über Entwicklungsmöglichkeiten reden können.

**33** **Betrachten Sie nicht nur das Gegenwärtige; überlegen Sie, was wünschenswert wäre.**

**EINBLICKE GEWINNEN** ▶

*Informieren Sie sich, welche Fähigkeiten nötig sind, um eine bestimmte Tätigkeit erfolgreich auszuführen. Befragen Sie Angestellte, die die gleiche Arbeit effektiv verrichtet haben, oder konsultieren Sie externe Fachleute.*

### ENTWICKLUNGSBEDARF ERKENNEN

Denken Sie darüber nach, ob die Tätigkeit eines Mitarbeiters neue Anforderungen stellt, und bereiten Sie ihn gegebenenfalls auf Veränderungen vor. Wenn die neue Rolle des Mitarbeiters zusätzliche Fähigkeiten verlangt, prüfen Sie, ob er diese schon in ausreichendem Maß bewiesen hat oder ob es Bereiche gibt, in denen er Defizite aufweist. Wenn Sie Entwicklungsbedarf erkannt haben, überlegen Sie, welche Art von Aktivitäten geeignet wäre. Vergewissern Sie sich vor dem Beurteilungsgespräch, dass für die geplanten Maßnahmen die nötigen Ressourcen zur Verfügung stehen, wie z. B. ein Budget für Fortbildung. Stellen Sie außerdem sicher, dass Sie in der Lage sein werden, den Angestellten für die Dauer der Schulung von seinen Pflichten zu entbinden.

# VORAUSPLANEN

*Effektive Planung eines Beurteilungsgesprächs bedeutet auch, dass Sie beizeiten die Bedürfnisse der zu Beurteilenden erkennen und darüber nachdenken, welche Maßnahmen ihnen im einzelnen gerecht werden.*

**34** Sie sollten über die Richtlinien Ihrer Firma zu Beförderungen genau Bescheid wissen.

### WICHTIGE FRAGEN

**F** Bin ich berechtigt, über Gehaltserhöhungen, zusätzliche Urlaubstage und andere Vergünstigungen zu entscheiden?

**F** Kann ich einem Mitarbeiter verbindlich zusagen, dass er befördert werden wird oder zu diesem Zweck an Fortbildungsmaßnahmen teilnehmen darf?

**F** Bin ich befugt, über Fortbildungs- und Entwicklungsmaßnahmen zu entscheiden, und verfüge ich über das nötige Budget?

**F** Darf ich Stellenwechsel oder Versetzungen veranlassen?

**F** Wird die Personalabteilung ebenfalls davon überzeugt sein, dass ich die beste Methode zur Förderung des Mitarbeiters gewählt habe?

## KOMPETENZEN KLÄREN

Bevor das Beurteilungsgespräch stattfindet, müssen Sie wissen, was Sie selbst beschließen dürfen und was die Zustimmung Dritter erfordert, denn wenn Sie einem Angestellten Hoffnungen machen und ihn später enttäuschen müssen, riskieren Sie als Vorgesetzter einen Glaubwürdigkeitsverlust. Auch wenn Sie ein Versprechen nicht halten können, weil die Ressourcen dafür fehlen, verliert der Mitarbeiter möglicherweise jegliches Vertrauen in Sie.

*Managerin konsultiert firmeninterne Beurteilungsrichtlinien, um auf dem Laufenden zu sein.*

**ABSICHERUNG ▶**

*Machen Sie sich unter anderem mit der Urlaubs- und Spesenregelung Ihres Unternehmens vertraut, damit Sie entsprechende Fragen beantworten können. Vergegenwärtigen Sie sich die Zielsetzung des Unternehmens und des Teams, um darauf abgestimmte Arbeitsziele formulieren zu können.*

**35** Versprechen Sie nur, was in Ihrer Macht steht.

**36** Erkennen Sie, was einen Mitarbeiter davon abhalten könnte, sein Ziel zu erreichen.

## ZEIT- UND RESSOURCENPLANUNG

Schätzen Sie ab, in welchem Zeitraum die Aufgaben, die Sie für den betreffenden Mitarbeiter vorgesehen haben, auszuführen sind. So können Sie später prüfen, ob der Beurteilte realistische Vorschläge macht. Kalkulieren Sie den voraussichtlichen Zeitaufwand für Entwicklungsaktivitäten und überlegen Sie, ob Sie eine Vertretung organisieren müssen. Veranschlagen Sie die Ressourcen, die erforderlich sind, damit die Arbeitsziele erreicht werden und Entwicklungsmaßnahmen durchgeführt werden können. Denken Sie dabei an Gerätschaften, Materialien und Einrichtungen. Dieser durchdachte »Projektplan« wird als Ausgangspunkt für das Beurteilungsgespräch dienen.

## AUFGABENVERTEILUNG

Überlegen Sie, wer nach der Sitzung für die Umsetzung der vereinbarten Maßnahmen verantwortlich sein soll – wer z. B. kontrollieren soll, ob die festgelegten Etappenziele erreicht werden. Fragen Sie sich, wie Sie von unerwarteten Fortschritten oder Rückschlägen benachrichtigt werden wollen. Denken Sie darüber nach, wer nach dem Beurteilungsgespräch für die Planung und Organisation von Schulungen und anderen Entwicklungsmaßnahmen zuständig sein soll. Vergessen Sie auch nicht, dass der Beurteilte in der Lage sein muss, seine Ziele selbstständig zu verwirklichen, denn ansonsten wird er sich kaum mit ihnen identifizieren.

**37** Vergewissern Sie sich, dass andere genug Zeit für Hilfestellung haben.

*Führungskraft bittet erfahrenes Teammitglied, den Beurteilten zu unterstützen.*

**UNTERSTÜTZUNG ▶**

*Sichern Sie sich vorab die Mithilfe von Angestellten, die es dem zu Beurteilenden erleichtern können, seine Leistungs- oder Entwicklungsziele zu erreichen. Während des Beurteilungsgesprächs können Sie dem Beurteilten mitteilen, welches Ausmaß an Unterstützung er von seinen Kollegen erwarten kann.*

# SCHAFFUNG EINER POSITIVEN ATMOSPHÄRE

*Eine gelockerte Grundstimmung ist einem offenen, vorbehaltlosen Dialog förderlich. Untermauern Sie Ihre Glaubwürdigkeit, erzeugen Sie eine Atmosphäre des Vertrauens und achten Sie auf eine stimmige Gestaltung der Räumlichkeiten.*

**38** Zeigen Sie, dass Sie vertraulich Besprochenes diskret behandeln.

**39** Vermeiden Sie es, verschiedenen Gesprächspartnern widersprüchliche Auskünfte zu geben.

## VERTRAULICHKEIT WAHREN

Um eine Atmosphäre zu schaffen, in der ein ungehemmtes Gespräch möglich ist, sollten Sie betonen, dass beide Seiten zu absoluter Diskretion verpflichtet sind. Teilen Sie dem Mitarbeiter vor dem Beurteilungsgespräch unbedingt mit, welche Punkte vertraulich bleiben und worüber Dritte – wie zum Beispiel die Personalabteilung – informiert werden müssen. Haben Sie einmal zugesagt, gewisse Dinge vertraulich zu behandeln, halten Sie Ihr Wort und reden Sie mit niemandem darüber.

## VERTRAUEN GEWINNEN

Vertrauen entsteht im Lauf der Zeit, und je besser die Beziehung zwischen dem Beurteiler und dem Beurteilten ist, desto fruchtbarer wird das Gespräch. Gewinnen Sie das Vertrauen Ihres Teams, indem Sie die Ergebnisse des Beurteilungsgesprächs in die Tat umsetzen. Das ganze Beurteilungssystem kann in Verruf geraten, wenn es den Anschein hat, dass nur gute Vorsätze gefasst werden, denen keine Taten folgen. Ihre Mitarbeiter sollten Sie auf jeden Fall als bestimmt, ehrlich, konsequent und fair empfinden.

### NICHT VERGESSEN

- Vertrauen wächst nur langsam, ist aber in Sekundenschnelle zerstört.
- Wenn der Beurteilte nicht überzeugt ist, dass alles Besprochene vertraulich bleibt, verschweigt er möglicherweise etwas Wichtiges.
- Wenn Sie unmittelbar vor dem Gespräch versuchen, sich in die Lage des zu Beurteilenden zu versetzen, treffen Sie leichter den richtigen Ton.

# RAUMGESTALTUNG

Wählen Sie einen geeigneten Raum aus und ordnen Sie die Möbel so an, dass Sie später durch keine Barriere vom Beurteilten getrennt sind. Der Raum sollte separat gelegen sein, damit niemand mithören kann, und weder eine Glastür noch verglaste Wände aufweisen, damit Sie nicht abgelenkt werden. Eine ansprechende Gestaltung des Beurteilungsraums signalisiert dem Mitarbeiter, dass Sie tatsächlich an seinen Leistungen und seiner Entwicklung interessiert sind. In einem unprofessionell wirkenden Umfeld fühlt er sich dagegen isoliert und unwichtig. Sorgen Sie dafür, dass der Beurteilte von der Beleuchtung nicht geblendet wird. Damit er Ihren Gesichtsausdruck sehen und interpretieren kann, dürfen Sie nicht nur als Silhouette vor dem Fenster zu sehen sein.

**40** **Beginnen Sie das Gespräch so, wie Sie fortfahren wollen – in einem positiven Ton.**

**▼ DETAILS ARRANGIEREN**

*Bemühen Sie sich, die Sitzgelegenheiten so anzuordnen, dass eine möglichst ungezwungene, angenehme Atmosphäre entsteht. Über Eck an einem Schreibtisch zu sitzen ist praktisch und erleichtert den Blickkontakt. Außerdem signalisiert ein entsprechendes Arrangement Unkompliziertheit; die Unterhaltung wird weniger förmlich und verkrampft.*

# OBJEKTIV BLEIBEN

*Die persönliche Einstellung einer Führungskraft zum Beurteilungsgespräch ist entscheidend. Überlegen Sie, wie Sie am besten Vorschläge einholen, eigene Vorurteile vermeiden und die Diskussion auf die relevanten Aspekte der Tätigkeit des Angestellten beschränken.*

**41** Stellen Sie sicher, dass Sie keine subjektive Bewertung vornehmen.

### NICHT VERGESSEN

- Ein Manager, der dazu einlädt, Vorschläge zu machen, kann mehr von seinem Team erwarten.
- Alle Vorschläge sollten angehört und ernst genommen werden.
- Viele scheinbar unvernünftige Ideen können zu sinnvollen Lösungen führen.
- Vorschläge sollten nie öffentlich kritisiert werden, da dies Angestellte davon abhält, ihre Ideen zu äußern.

## KREATIVITÄT FÖRDERN

Vergegenwärtigen Sie sich, dass Sie Ihr Personal dazu ermutigen wollen, eigene Vorschläge und Meinungen zu äußern. Bereiten Sie Fragen vor, die den zu beurteilenden Mitarbeiter dazu veranlassen, sich offen auszusprechen. Sie können ihn z. B. fragen, welche Schwierigkeiten er hatte und wie er diese in Zukunft überwinden könnte – wahrscheinlich kennen sich Ihre Mitarbeiter in ihrem Aufgabenbereich weit besser aus als Sie. Zielen Sie nicht auf eine Bestätigung Ihrer Meinung ab, sondern versuchen Sie zu erfahren, was andere denken.

## VORURTEILE VERMEIDEN

Zu den wichtigsten Eigenschaften eines guten Beurteilers gehört die Fähigkeit, Entscheidungen nur nach sachlicher Überlegung zu treffen. Dies ist bei der Durchführung eines Beurteilungsgesprächs von besonderer Bedeutung, da es gilt, keine übereilten Schlüsse aus oberflächlichen Informationen zu ziehen. Viele Leute beurteilen andere nach in der Vergangenheit gewonnenen Eindrücken oder gehen davon aus, dass zwei Menschen, die eine bestimmte Eigenschaft gemeinsam haben, weitere Ähnlichkeiten aufweisen. Ein guter Beurteiler sollte die typischen Erscheinungsformen von Vorurteilen kennen, damit er leichter in der Lage ist, sie zu vermeiden.

### WICHTIGE FRAGEN

**F** Behandle ich alle Teammitglieder gleich fair?

**F** Bemühe ich mich, gegenüber Mitarbeitern, die mir weniger sympathisch sind, nicht unfair zu sein?

**F** Habe ich meine Vorurteile erkannt und gelingt es mir, sie zu unterdrücken?

**F** Gebe ich mir Mühe, besonders viel Zeit mit Teammitgliedern zu verbringen, mit denen ich nicht so gut auskomme?

## VORURTEILE ERKENNEN

| VORURTEIL | ERSCHEINUNGSFORM |
|---|---|
| VERKLÄRUNG/ VERTEUFELUNG | Eine Tendenz, aus einer oder zwei positiven oder negativen Eigenschaften vorschnelle, verallgemeinernde Schlüsse zu ziehen, also beispielsweise anzunehmen, dass ein Teammitglied, das eine angenehme Erscheinung ist und sich gut ausdrücken kann, auch intelligent ist. |
| KLISCHEE | Hier lässt sich der Beurteiler von seiner persönlichen Einstellung zu einer bestimmten Gruppe von Menschen verleiten oder aber von der Ähnlichkeit des Beurteilten mit jemand anderem. |
| »EIN MENSCH WIE ICH« | Eine Tendenz, Menschen sympathisch zu finden, die uns ähneln, und sie deswegen einzustellen oder sogar zu befördern. Dies führt zu unausgewogenen Teams, in denen alle Mitglieder die gleichen Stärken haben. |
| IRRIGE THEORIE ÜBER CHARAKTEREIGENSCHAFTEN | Die Neigung, sich bei der Beurteilung von Mitarbeitern von falschen Annahmen über die Bedeutung bestimmter Persönlichkeitsmerkmale leiten zu lassen, also zum Beispiel davon auszugehen, dass man extrovertiert sein muss, um ein guter Verkäufer zu sein. |
| STEREOTYP | Eine zu feste Vorstellung davon, wie ein fähiger Mitarbeiter auszusehen hat. Mögliche Folgen sind die Bevorzugung von Angestellten, die in dieses Bild passen, und ungerechtfertigte Kritik an den anderen. |

**42** Nehmen Sie sich vor, den Mitarbeiter zu fragen, was für ihn persönlich ein Erfolg wäre.

## ERGEBNISORIENTIERTHEIT

Konzentrieren Sie sich bei der Beurteilung stets auf das Wesentliche. Sonst laufen Sie Gefahr, Ihren Mitarbeiter fehlzuleiten. Vermeiden Sie auch subjektive oder persönliche Kommentare. Lassen Sie den Mitarbeiter, nachdem Sie Leistungsziele formuliert und entsprechende Maßstäbe festgelegt haben, mit eigenen Worten ausdrücken, welche Ergebnisse angestrebt werden. Die Erfolgskriterien des Beurteilten können ebenso sinnvoll sein und motivierend wirken wie ein quantitativer Maßstab. Dennoch ist es entscheidend, dass Sie übereinkommen, woran die Ergebnisse gemessen werden sollen, damit ein eindeutiger Leistungsindikator gegeben ist.

# PLANUNG DES GESPRÄCHSABLAUFS

*Ein gutes Beurteilungsgespräch folgt einem bestimmten Schema. Legen Sie zuerst die Tagesordnung fest, überlegen Sie sich einen positiven Einstieg. Denken Sie darüber nach, wie Sie die Diskussion auf die hauptsächlichen Fragen begrenzen und ein gutes Feedback geben.*

**43** Halten Sie sich bei jedem Beurteilungsgespräch an das Sechs-Phasen-Schema.

## DER RICHTIGE EINSTIEG

Machen Sie es sich zur Gewohnheit, jedes Beurteilungsgespräch mit einer motivationsfördernden Feststellung und einer einfachen Frage zu beginnen. So beziehen Sie den Mitarbeiter sofort ein und helfen ihm, sich zu entspannen. Als Nächstes sollten der Zweck des Gesprächs und die Themenabfolge geklärt werden. Denken Sie daran, zu sagen, dass Sie in Bezug auf jedes Arbeitsziel eine gesonderte Ergebnisbewertung vornehmen werden. Nehmen Sie sich vor, zuerst dem Beurteilten das Wort zu erteilen. Ihre Aufzeichnungen über die Leistungen des Mitarbeiters werden vor Ihnen liegen, und Sie werden sich auch notiert haben, was Sie darüber sagen wollen. Indem Sie jedoch zunächst den Beurteilten sprechen lassen, regen Sie ihn zu einer Selbsteinschätzung an. Falls Sie Meinungsunterschiede feststellen, sollten Sie die Gründe ermitteln.

### DIE SECHS PHASEN EINES BEURTEILUNGSGESPRÄCHS

## Tagesordnung festlegen

Es lassen sich nicht unbegrenzt viele Themen ansprechen; versuchen Sie also, das Gespräch auf die wichtigsten Bereiche zu beschränken, damit Sie auch eine überschaubare Anzahl von Arbeitszielen festlegen können. Sie möchten vielleicht noch weitere Punkte wie z. B. Sonderprojekte besprechen, und der Beurteilte steuert wahrscheinlich eigene Gesprächsthemen bei. Denken Sie vor allem daran, dass das Beurteilungsgespräch nicht dazu dient, aktuelle Fragen des Betriebsablaufs zu klären. Es ist nicht Teil Ihrer ständigen Führungstätigkeit, sondern dient dazu, die Leistungen und Fähigkeiten des Mitarbeiters zu bewerten, neue Arbeitsziele für die nächste Zukunft zu formulieren und einen Entwicklungsplan zu vereinbaren. Alles Sonstige, wie z. B. Disziplinarfragen, gehört nicht hierher und sollte außen vor bleiben.

**44** Fragen Sie sich, ob eine Reduzierung Ihrer Tagesordnung auf die Hälfte sinnvoll ist.

**45** Konzentrieren Sie sich auf Themen, die für die Leistung des Mitarbeiters relevant sind.

## Konstruktiver Dialog

Wenn Sie Kritik üben müssen, tun Sie es auf konstruktive Weise, indem Sie dazu auffordern, über die Zukunft nachzudenken statt über die Vergangenheit. Achten Sie darauf, nicht überkritisch zu wirken, denn sonst demotivieren Sie unter Umständen einen potenziell effektiven Angestellten. Wenn die Leistungen eines Mitarbeiters nachgelassen haben, sollten Sie zuerst Ihre Führungsentscheidungen in Frage stellen. Haben Sie seine Fähigkeiten falsch eingeschätzt oder ihn nicht unterstützt? Wenn keine externen Faktoren vorhanden sind, muss der Betreffende sich des Problems bewusst werden. Denken Sie darüber nach, wie Sie es auf konstruktive Weise ansprechen.

**POSITIVE PUNKTE BETONEN ▼**

*Schieben Sie kritische Anmerkungen zwischen lobende Kommentare ein. Auf jeden Kritikpunkt sollten zwei positive Aussagen kommen.*

# DURCHFÜHRUNG DES GESPRÄCHS

Die Leitung eines Beurteilungsgesprächs erfordert eine sorgfältige Planung des Ablaufs. Gestalten Sie Ihre Beurteilungen effektiv, indem Sie einem festen Schema folgen, dabei aber immer flexibel bleiben.

## ERÖFFNUNG

*Sorgen Sie für einen guten Einstieg, indem Sie dem Beurteilten helfen, seine Nervosität abzulegen. Geben Sie ihm Sicherheit, legen Sie zusammen mit ihm fest, was besprochen werden soll, und erklären Sie den Gesprächsablauf – so hat der Beurteilte Zeit, sich zu entspannen.*

**46** Stellen Sie sicher, dass der Mitarbeiter weiß, was er zu erwarten hat.

**47** Nehmen Sie dem Beurteilten so früh wie möglich seine Anspannung.

**48** Betonen Sie, dass das Gespräch ein positives Ergebnis haben wird.

### RUHE AUSSTRAHLEN

Helfen Sie den zu Beurteilenden, ihre Unsicherheit zu überwinden, indem Sie eine angenehme, gelöste Atmosphäre schaffen. Beseitigen Sie etwaige Unklarheiten, indem Sie den positiven Zweck des Gesprächs betonen und dem Beurteilten mitteilen, wie lang es voraussichtlich dauern wird. Fangen Sie, um das Vertrauen des Mitarbeiters zu gewinnen, mit einer motivationsfördernden Aussage an, die deutlich macht, dass Sie von seinen Fähigkeiten überzeugt sind. Stellen Sie dann eine einfache Frage, um ihn ins Gespräch einzubeziehen. Beginnen Sie die Sitzung nicht abrupt mit einer schwierigen Frage.

**49** Vergewissern Sie sich, dass beide Seiten von den gleichen Voraussetzungen ausgehen.

## KLÄRUNG DES GESPRÄCHSZWECKS

Erläutern Sie den Sinn des Beurteilungsgesprächs. Legen Sie dar, zu welchem Ergebnis das Gespräch führen soll, und betonen Sie, dass der Mitarbeiter letztlich von seiner Beurteilung profitieren wird. Erklären Sie, dass Sie als Erstes zusammen mit ihm die Tagesordnung festlegen werden, bevor Sie einen Rückblick auf die jüngste Vergangenheit werfen, über Fortschritte in Bezug auf Arbeits- und Entwicklungsziele diskutieren und weiteren Handlungsbedarf ermitteln. Machen Sie klar, dass Sie Ziele für die nächste Zukunft vereinbaren und Entwicklungsmaßnahmen beschließen werden.

### VERWENDUNG EINES BEURTEILUNGSPROTOKOLLS ▼

*Bitten Sie den Beurteilten, einen Protokollvordruck auszufüllen. So sparen Sie sich eine zeitraubende Übertragung von Notizen. Wenn vereinbart worden ist, dass Sie das Formular ausfüllen, zeigen Sie dem Beurteilten, was Sie geschrieben haben, und holen Sie zu jedem Punkt seine Zustimmung ein.*

*Kurzbeschreibung der Funktion des Mitarbeiters*

### BEURTEILUNGSPROTOKOLL

**Funktion des Angestellten:**
Planung/Konzeption von Bauprojekten nach Kundenvorgaben, unter Zugrundelegung von Zeitplan/Etat

| Hauptsächliche Aufgabenbereiche | Arbeitsziele | Frist | Ergebniskontrolle |
|---|---|---|---|
| 1. Leitung des Erschließungsprojekts X-Port | 1. Kundenkontakte im vereinbarten Turnus, Leitung Projektbesprechungen | Jan–Feb | |
| | 2. Abgabe Angebot bis 12. Februar, Übernahme Projekt bis Ende März | 31. März | |
| | 3. Bereitstellung von mindestens 90% der erforderlichen Projektunterstützung 31. März | | |
| 2. Vermittlerrolle innerhalb des Planungsteams | 1. Monatl. Sitzungen zwecks Planungskontrolle, Berichterstattung über Ergebnisse jeweils binnen einer Woche | Ergebnisbesprechung im April | |
| | 2. Zweimal pro Woche oder nach Bedarf Überprüfung der Entwürfe u. entsprechende Rückmeldung an Mitarbeiter | Bis Juni | |

*Grobe Zusammenfassung der Aufgaben*

*Knapp, aber präzise formulierte Ziele*

*Termine für Ergebniskontrollen*

# FESTLEGUNG DER TAGESORDNUNG

*Damit ein Beurteilungsgespräch reibungslos verläuft, müssen sich beide Seiten vorab auf bestimmte Themen einigen. Nehmen Sie vom Beurteilten vorgeschlagene Themen in die Tagesordnung auf, und erklären Sie, wie Sie mit ihm neue Ziele vereinbaren werden.*

**50** **Konzentrieren Sie sich auf Themen, die für das gesamte Team relevant sind.**

**51** **Verzetteln Sie sich nicht in unerheblichen Details.**

## VORSCHLÄGE EINHOLEN

Bitten Sie den Beurteilten, selbst Themen vorzuschlagen, damit er sich in das folgende Gespräch einbezogen fühlt. Seien Sie bereit, Ihre Tagesordnung entsprechend zu erweitern. Selbst wenn Ihnen die Themen, die der Mitarbeiter vorschlägt, weniger wichtig erscheinen, müssen Sie einige davon anschneiden. Berücksichtigen Sie die von ihm vorgeschlagenen Diskussionspunkte gar nicht, bekommt er den Eindruck, dass Sie nicht an seinen Problemen interessiert sind. Indem Sie sich zu diesem Zeitpunkt bereit erklären, über die Themen des Beurteilten zu sprechen, vermeiden Sie außerdem zukünftige Probleme. Ein Mitarbeiter, dem etwas auf den Nägeln brennt, wird wahrscheinlich immer wieder versuchen, sein Thema zur Sprache zu bringen, und damit von der Tagesordnung ablenken. Seien Sie objektiv, und ändern Sie die Tagesordnung, wenn es angebracht ist.

*Beurteiler verweist auf vereinbarten Zeitplan und schlägt vor, einige weniger wichtige Punkte vorerst auszuklammern.*

◀ **GEMEINSAME ZEITPLANUNG**

*Wahrscheinlich wird die Zeit nicht ausreichen, um alle Themen abzuhandeln. Deswegen sollte zu Beginn vereinbart werden, welche Themen auf der Tagesordnung stehen und welche nicht, sodass Sie bei zusätzlichem Gesprächsbedarf ein erneutes Treffen ansetzen können.*

## ZIELSETZUNGEN AUSARBEITEN

Zweck der Beurteilung ist es, eine Reihe von Arbeitszielen festzulegen, die den Angestellten motivieren. Erklären Sie dem Beurteilten, dass Sie einzeln über jedes bisherige Ziel sprechen werden, um herauszufinden, was jeweils gut oder weniger gut funktioniert hat und was er in Zukunft besser machen kann. Stellen Sie klar, dass die neue Zielsetzung die Form eines gemeinsam vereinbarten Aktionsplans haben wird, zu dem auch Erfolgskriterien gehören. Klären Sie auch, was die Verwirklichung der Ziele für das Team, das Unternehmen und vor allem für den Mitarbeiter bedeutet.

**52** Sorgen Sie dafür, dass der Mitarbeiter sich uneingeschränkt an der Erstellung der Tagesordnung beteiligt, damit er sich voll involviert fühlt.

## ÜBERPRÜFUNG DER TAGESORDNUNG

Stellen Sie sicher, dass der Schwerpunkt des Gesprächs auf dem aktuellen Leistungsstand des Beurteilten liegt. Gehen Sie keiner Frage aus dem Weg – Sie riskieren sonst, dass der Beurteilte die gesteckten Ziele akzeptiert, ohne überzeugt zu sein, dass er sie erreichen kann. Einer Ihrer Tagesordnungspunkte sollte die Diskussion darüber sein, was der Beurteilte für machbar hält. Möglicherweise traut er sich sogar mehr zu als Sie. Ist das der Fall, sollten Sie versuchen im Gespräch mit ihm den Grund für den Meinungsunterschied zu ermitteln. Trauen Sie dem Mitarbeiter mehr zu als er sich selbst, müssen Sie Maßnahmen planen, die sein Selbstvertrauen stärken.

### ABFOLGE DER GESPRÄCHSPUNKTE

# DIALOG FÖRDERN

*Während des Beurteilungsgesprächs sollte vor allem der Beurteilte zu Wort kommen. Ermutigen Sie ihn, die Hauptrolle zu übernehmen, indem Sie eine gute Fragetechnik anwenden und aktiv zuhören.*

**53** Stellen Sie viele Fragen, um den Beurteilten einzubeziehen.

**54** Vermeiden Sie es, den Mitarbeiter zu unterbrechen.

**55** Überlegen Sie, ob sich Ja-nein-Fragen in W-Fragen verwandeln lassen.

## FRAGEN STELLEN

Eine gute Fragetechnik ist entscheidend, wenn Sie die wahre Meinung eines Mitarbeiters erfahren wollen. Indem Sie seine Gedanken nachvollziehen, können Sie ihm helfen, seine Leistung zu verbessern. Wenn Sie geschickt fragen, ermutigen Sie den Beurteilten, sich auszusprechen – ansonsten können ungeklärte Probleme ein ständiges Hindernis darstellen. Stellen Sie ernst gemeinte Fragen zu allen Aspekten der Tätigkeit des Beurteilten, um herauszufinden, wie er zu ihnen steht. Hören Sie gut zu. Nehmen Sie den Beurteilten nicht ins Kreuzverhör und stellen Sie keine Suggestivfragen, die nur darauf abzielen, Ihre vorgefasste Meinung zu bestätigen.

## W-FRAGEN

So genannte W-Fragen – Fragen, die mit »Was«, »Wann«, »Wie«, »Wer« oder »Warum« beginnen – verlangen ausführlichere Antworten als Ja-nein-Fragen. Wenn Sie Fragen stellen wie: »Was ist das Wichtigste, was Sie daraus gelernt haben?«, ist es weit wahrscheinlicher, dass der Beurteilte sagt, was er denkt, als wenn Sie ihn beispielsweise fragen: »Haben Sie dieses Ziel erreicht?« Überlegen Sie sich zu jedem Ziel, das Sie zur Sprache bringen wollen, eine einleitende W-Frage.

**56** Fragen Sie sich, ob Sie Fachausdrücke verwendet haben, die der Beurteilte nicht kennt.

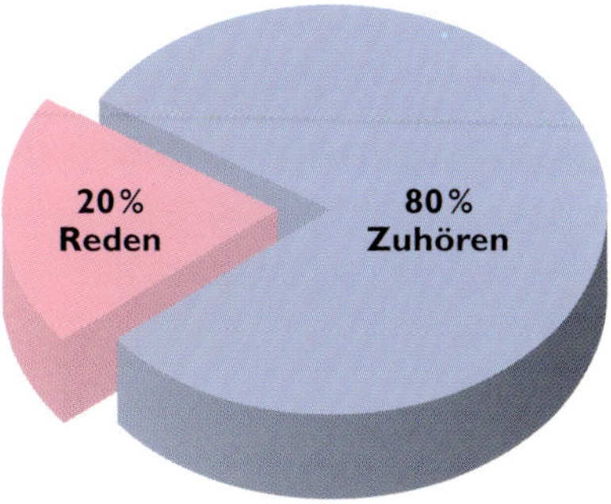


▲ **RICHTIGES ZUHÖREN**
*Im Idealfall sollten Sie etwa 80% der Dauer des Beurteilungsgesprächs mit Zuhören verbringen und nur 20% mit Reden.*

▼ **INTERESSE ZEIGEN**
*Dieser Beurteiler ist ein aktiver Zuhörer: Seine Körpersprache zeigt, dass er seine Aufmerksamkeit nur dem Beurteilten widmet und konzentriert zuhört.*

# AKTIV ZUHÖREN

Sobald Sie den Beurteilten zum Reden animiert haben, müssen Sie aktiv zuhören, denn so können Sie seine Antworten weit besser interpretieren. Halten Sie Blickkontakt zum Beurteilten – aber starren Sie ihn nicht an. Denken Sie daran, dass Sie, sobald Sie auch nur über Ihre Schulter oder aus dem Fenster blicken, den Eindruck von Unaufmerksamkeit erwecken. Wenn der Beurteilte eine Pause macht oder zum Schluss kommt, sollten Sie ihn durch ergänzende Fragen anregen, einen Schritt weiter zu denken. Achten Sie auf die Intonation des Beurteilten und auf Nuancen seiner Ausdrucksweise, die Aufschluss darüber geben können, wie er seine Leistung wirklich einschätzt. So erhalten Sie Ansatzpunkte für Fragen wie: »Was muss passieren, damit Sie noch bessere Ergebnisse erzielen?« und können leichter zusammen mit dem Beurteilten eine Lösung erarbeiten.

# Praktische Aspekte

*Oft gibt es eine ganze Reihe von Themen, die ausgesprochen relevant für die Zukunft sind. Achten Sie darauf, dass der vereinbarte Zeitplan eingehalten wird, sprechen Sie alle wichtigen Punkte an und regen Sie den Mitarbeiter dazu an, realistische Schlüsse zu ziehen.*

**57** Überziehen Sie nie die für das Beurteilungsgespräch angesetzte Zeit.

**58** Gehen Sie sofort auf jedes Problem ein, das der Beurteilte andeutet.

## Konzentrierte Gesprächsführung

Halten Sie sich an die Tagesordnung und beschränken Sie sich auf die essenziellen Themen. Stellen Sie die bisherigen oder zukünftigen Hauptziele immer in den Mittelpunkt. Es ist wichtig, dass Sie das Gespräch in der vorgesehenen Zeit zu Ende bringen. Ansonsten sind Sie u.U. gezwungen, einige Beurteilungsgespräche zu verschieben. War die Diskussion über ein Thema länger als geplant, dann überlegen Sie, welche Tagesordnungspunkte Sie schneller abhandeln.

## Dringende Fragen klären

Wenn Sie wegen Zeitmangels ein wichtiges Thema nicht ausführlich genug behandeln können, vereinbaren Sie ein weiteres Treffen zur Besprechung dieses Themas und halten Sie sich an diesen Termin. Benutzen Sie Zeitmangel nicht als Vorwand, um die Behandlung von Problempunkten zu verschieben – je früher diese angesprochen werden, desto besser. Wenn es irgendein Anzeichen dafür gibt, dass der Beurteilte mit einem Teil seines Tätigkeitsbereichs Schwierigkeiten hat, müssen Sie sofort darüber sprechen. Falls Sie es nicht tun, verschlechtert sich die Situation wahrscheinlich noch. Treffen Sie keine Maßnahmen, die es erlauben, ein Problem vorerst zu umgehen, die Situation aber langfristig verschlimmern.

### Nicht vergessen

- Themen mit Beziehung zur Leistung des Mitarbeiters, die aber nicht eilen, können Sie später ansprechen.
- Dringende Fragen können vorläufig ausgeklammert werden, wenn sie wenig leistungsrelevant sind.
- Themen, die sehr leistungsrelevant sind, müssen sofort behandelt werden.

**59** Wählen Sie einen lockeren Ton, aber vermeiden Sie Smalltalk.

### TUN UND LASSEN

- ✔ Befähigen Sie Mitarbeiter, aus Fehlern zu lernen.
- ✔ Halten Sie Mitarbeiter dazu an, über mögliche Problemlösungen nachzudenken.
- ✔ Geben Sie eindeutiges Feedback und stellen Sie klar, wer in Zukunft was zu tun hat.
- ✔ Klären Sie die Situation, wenn eine unzutreffende Feststellung gemacht worden ist.

- ✗ Gehen Sie nicht davon aus, dass Sie stets die beste Lösung haben.
- ✗ Sehen Sie nicht zu, wenn Fehler von Mitarbeitern ein Ziel gefährden.
- ✗ Zögern Sie nicht, Mitarbeiter über ihren wahren Leistungsstand aufzuklären.
- ✗ Verschwenden Sie keine Zeit auf Fähigkeiten, die der Beurteilte nicht braucht.

**60** **Seien Sie während des Beurteilungsgesprächs mit Ihren Zusagen lieber übervorsichtig, damit Sie sie später nicht bereuen.**

## KONSEQUENZEN ABWÄGEN

Bedenken Sie, dass jede Ihrer Äußerungen dem Beurteilten gegenüber Folgen haben kann, die weit über Ihr Gespräch hinausreichen. Stimmen Sie niemals Maßnahmen zu, die negative Auswirkungen auf das Team oder das Unternehmen haben könnten. Wenn Sie zum Beispiel die Teilnahme eines Mitarbeiters an einer externen Schulung vereinbaren, obwohl die angestrebte Qualifikation für seine Tätigkeit nicht unmittelbar relevant ist, schaffen Sie womöglich einen Präzedenzfall. Die Folge könnte sein, dass Sie von anderen Teammitgliedern unter Druck gesetzt werden, die ähnliche Vergünstigungen beanspruchen.

### ZUKUNFTSPERSPEKTIVEN BETONEN ▼

*Halten Sie den Mitarbeiter zu Gedanken über die Zukunft an, und motivieren Sie ihn, indem Sie ihm erklären, wie er selbst, das Team und das Unternehmen von dem neuen Aktionsplan profitieren werden.*

*Vorgesetzte erklärt, dass der Mitarbeiter nach einem Zeitmanagement-Kurs seine Überstunden wird reduzieren können.*

## NACH VORNE BLICKEN

Früher oder später müssen beide Seiten einen Schlussstrich unter die Vergangenheit ziehen und an die Zukunft denken, besonders dann, wenn Dritte in der Vergangenheit Voraussetzungen geschaffen haben, die jetzt nicht mehr zu ändern sind. Signalisieren Sie, dass es an der Zeit ist, über die Zukunft und damit über den Aktionsplan zu reden. Konzentrieren Sie sich auf die Ziele und darauf, was Sie und der Beurteilte für praktikabel halten. Sprechen Sie über Teilziele und über die dazugehörigen Termine. Bitten Sie den Beurteilten, die vereinbarten Maßnahmen zusammenzufassen.

# SIGNALE VERSTEHEN

*Manchen Menschen fällt es schwer, Probleme direkt anzusprechen. Wenn Sie lernen, Körpersprache zu deuten, geben Ihnen Haltung und Gesichtsausdruck eines Mitarbeiters Aufschluss darüber, ob er Ihnen gegenüber völlig offen ist.*

**61** Interpretieren Sie nicht zu viel in Gesten hinein – achten Sie auf Bewegungsabläufe.

**62** Ist der Beurteilte angespannt, dann fragen Sie sich, ob Sie selbst locker wirken.

## ÄNGSTE ERKENNEN

Unter Umständen müssen Sie den Beurteilten erst dazu animieren, sich auszusprechen – besonders, wenn er unsicher ist. Fangen Sie mit leichten Fragen zu positiven Themen an. Lächeln Sie und halten Sie Blickkontakt. Wenn Sie Anzeichen von Unruhe oder Unbehagen feststellen, kann dies auf Themen hindeuten, über die der Mitarbeiter lieber nicht reden würde. Achten Sie auch auf den Tonfall. Stellen Sie solange Fragen, bis Sie eine Angelegenheit vollkommen ergründet haben, selbst wenn Sie sich dabei zum Teil wiederholen.

## GESICHTSAUSDRÜCKE INTERPRETIEREN

Das Ausmaß, in dem ein Blickkontakt während des Gesprächs zustande kommt, sagt viel darüber aus, was in dem Beurteilten vorgeht. Wenn er z. B. Ihrem Blick ausweicht, gibt es dafür wahrscheinlich einen Grund. Vielleicht will der Beurteilte ein bestimmtes Thema vermeiden oder es ist ihm unangenehm, darüber zu sprechen. Unter Umständen sagt er nicht die ganze Wahrheit. Achten Sie darauf, ob sich sein Gesichtsausdruck verändert. Wenn er bei einer bestimmten Frage den Blick abwendet, sollten Sie nachhaken, um herauszufinden, was ihn bedrückt. Machen Sie sich keine Notizen, wenn der Beurteilte über ein wichtiges Thema spricht, da sonst der Blickkontakt unterbrochen wird und Sie die Mimik des Mitarbeiters nicht mehr deuten können.

*Gerade, aber entspannte Kopfhaltung zeugt von Selbstvertrauen.*

▲ **AUFGESCHLOSSEN**
*Diese Mitarbeiterin signalisiert Ihnen durch direkten Blickkontakt, dass die Voraussetzungen für einen offenen Dialog mit ihr gegeben sind.*

## ZEICHEN VON SELBSTVERTRAUEN

Beobachten Sie im Lauf des Gesprächs, wie der Beurteilte reagiert, wenn Sie bestimmte Maßnahmen vorschlagen. Es ist wichtig, dass der Mitarbeiter keinerlei Vorbehalte hat, die ihn daran hindern könnten, sein Ziel zu erreichen. Wenn Sie ihn z. B. mit einem neuen Projekt oder einer neuen Aufgabe beauftragen möchten, sollten Sie ihm entsprechende Fragen stellen, um sich zu vergewissern, dass er sein Arbeitsziel und den Aktionsplan verstanden hat. Wenn der Beurteilte antwortet, können Sie an seinem Tonfall und seinem Gesichtsausdruck mit hoher Wahrscheinlichkeit ablesen, wie zuversichtlich er ist. Ein zögerliches »Ja« deutet auf unterdrückte Zweifel hin bzw. darauf, dass es etwas gibt, was einem Erfolg im Weg steht. Ergründen Sie diese Bedenken mithilfe von W-Fragen, bis Sie ein selbstbewusstes »Ja« als Antwort erhalten. Achten Sie auf Formulierungen wie »im Prinzip ja« oder »theoretisch möglich«, da diese einen Mangel an Zuversicht verraten. Setzen Sie die Diskussion fort, bis Sie uneingeschränkte Zustimmung erzielen.

**63** **Achten Sie auf die Augenbewegungen des Beurteilten – sie sagen oft viel aus.**

### KULTURELLE UNTERSCHIEDE

Japaner sind im Allgemeinen reservierter als Europäer und Amerikaner, weswegen die Körpersprache von Japanern schwieriger zu interpretieren ist. In den USA wird Körpersprache dazu eingesetzt, eine gute Kommunikationsbasis zu schaffen. Entsprechendes Verhalten wird von Europäern bisweilen als aufdringlich empfunden.

▲ **SKEPTISCH**
*Der nachdenkliche, gesenkte Blick deutet darauf hin, dass dieser Mitarbeiter Zweifel hat, die Sie noch ergründen müssen.*

▲ **ANGESTRENGT**
*Dieser Mitarbeiter schaut nach vorne, ohne direkten Blickkontakt; ein Zeichen dafür, dass er sich gerade eine Antwort überlegt.*

▲ **LUSTLOS**
*Der Gesichtsausdruck dieser Mitarbeiterin signalisiert, dass sie sich nicht mit den Aufgaben identifiziert, die Sie ihr übertragen wollen.*

## DIE RICHTIGE KÖRPERHALTUNG EINNEHMEN

Nehmen Sie stets eine offene Körperhaltung ein. Lassen Sie die Hände seitlich hängen oder legen Sie sie in den Schoß. Wenn Sie selbst locker sind, machen Sie es dem Beurteilten leichter, sich zu entspannen. Sorgen Sie für eine angenehme, weder zu hohe noch zu niedrige Raumtemperatur. Verschränken Sie nicht die Arme, da Sie auf diese Weise Unsicherheit signalisieren würden bzw. den Wunsch, eine Barriere aufzubauen. Vermeiden Sie es auch, einen Ellenbogen auf dem Tisch aufzustützen, denn dies könnte als aggressive Geste gedeutet werden. Da Sie die Diskussion leiten, ist es wichtig, dass Sie sich bemühen, entspannt zu wirken, selbst wenn Sie zu Beginn ebenfalls nervös sind.

### KULTURELLE UNTERSCHIEDE

Körpersprache hat nicht in allen Ländern die gleiche Bedeutung. In Südeuropa und Lateinamerika zum Beispiel dienen Berührungen dazu, die Kommunikation anzuregen und zu unterstreichen. In Japan, Nord- und Mitteleuropa, wo größere Distanz gewahrt wird, würde dies als Eingriff in die Privatsphäre empfunden. Im Nahen Osten drückt Kopfnicken Ablehnung statt Zustimmung aus.

**64** Vergessen Sie nicht, dass Körpersprache mehr ausdrückt als Worte.

**65** Bedenken Sie, dass ein Mitarbeiter, der sich zurücklehnt und die Hände faltet, Ablehnung signalisiert.

## KÖRPERHALTUNG BEACHTEN

Wenn der Beurteilte auf der Stuhlkante sitzt, deutet dies auf Nervosität oder Unsicherheit hin. Beruhigen Sie ihn, indem Sie in freundlichem Ton mit ihm reden, lächeln und zahlreiche W-Fragen stellen. Wenn der Beurteilte die Ellbogen auf dem Tisch aufstützt oder die Fäuste ballt, empfindet er Ihnen gegenüber möglicherweise Misstrauen oder ist sogar feindselig eingestellt. Nehmen Sie eine offene, aber neutrale Haltung ein, und erklären Sie dem Mitarbeiter, warum er von dem Beurteilungsgespräch profitieren wird.

### TUN UND LASSEN

- ✔ Beobachten Sie, was passiert, wenn Sie Haltung oder Gesichtsausdruck verändern.
- ✔ Achten Sie darauf, ob die Körpersprache des Beurteilten zu dem passt, was er sagt.
- ✗ Unterbrechen Sie den Beurteilten nicht; sprechen Sie nicht in herablassendem Tonfall.
- ✗ Beschäftigen Sie sich nicht zu lange mit Ihren Notizen, darunter leidet die Kommunikation.

# HARMONISCHE KÖRPERSPRACHE

Eine als »neurolinguistisches Programmieren« (NLP) bekannt gewordene Methode erlaubt neue Einblicke in die Bedeutung von Körpersprache. Beim NLP geht man unter anderem davon aus, dass zwei Menschen, die miteinander harmonieren, während eines Gesprächs die gleiche Haltung einnehmen und auch ähnliche Bewegungen ausführen: Wenn sich ein Gesprächsteilnehmer interessiert nach vorne beugt, tut dies auch sein Gegenüber. Kommunizieren zwei Menschen perfekt miteinander, kann es vorkommen, dass sie sogar im gleichen Rhythmus atmen. NLP-Techniken lassen sich dazu nutzen, Harmonie zu erzeugen und Spannungen abzubauen – passen Sie dazu Ihre Haltung der des Beurteilten unauffällig an. Man hat auch festgestellt, dass Augenbewegungen etwas darüber aussagen, woran jemand gerade denkt.

**66** Seien Sie sich Ihrer eigenen Körperhaltung stets bewusst.

**67** Tragen Sie mit einem Lächeln zur Entspannung des Beurteilten bei.

### ▼ EINFLUSS NEHMEN

*Sie können den Beurteilten dazu bringen, seine Körperhaltung Ihrer anzugleichen. Mit einer Haltung, die Lockerheit und Aufmerksamkeit signalisiert, regen Sie dazu an, Ihre positive Körpersprache zu imitieren.*

*Leicht nach vorn gebeugte Haltung regt den Beurteilten an, aktiv am Gespräch teilzunehmen.*

*Spiegelbildliche Handhaltung zeugt von gegenseitigem Verständnis.*

# ENGAGEMENT BEURTEILEN

*Nur wer hochmotiviert ist, lässt guten Vorsätzen Taten folgen. Stellen Sie sicher, dass Ihre Mitarbeiter sich zu jedem Zeitpunkt mit ihrer Aufgabe identifizieren. Wenn ihnen der Einsatzwille fehlt, müssen Sie sich bemühen, die Gründe herauszufinden.*

**68** Beseitigen Sie alle Zweifel, indem Sie sich mit den Gründen auseinander setzen.

### NICHT VERGESSEN

- Auch ein Angestellter, der nicht gewillt ist, bestimmte Maßnahmen umzusetzen, wird auf die Vorschläge seines Beurteilers kaum mit einem klaren »Nein« reagieren.
- Wird Motivationsmangel früh erkannt, kann Problemen leichter vorgebeugt werden.
- Bekommt ein Mitarbeiter den Eindruck, dass er kein Mitspracherecht hat, wird er sich mit dem letztlich Vereinbarten kaum identifizieren.

## ENGAGEMENT EINPLANEN

Wenn Sie den Beurteilten kennen, wissen Sie genauer, welchen Grad an Einsatzbereitschaft Sie von ihm erwarten können. Erinnern Sie sich, ob er in der Vergangenheit alle bereitwillig übernommenen Aufgaben erledigt hat. Informiert Sie der Beurteilte von sich aus über den Stand der Dinge? Anhand der Antworten auf solche Fragen können Sie entscheiden, wie nachdrücklich Sie auftreten müssen, um sicher zu sein, dass der Beurteilte entschlossen ist, den Aktionsplan umzusetzen. Wenn der Beurteilte neu in Ihrem Team ist, sollten Sie entsprechende Schlüsse während des Beurteilungsgesprächs ziehen.

## ENGAGEMENT ABSCHÄTZEN

Es ist wichtig zu beobachten, welches Maß an Zustimmung der Beurteilte den vereinbarten Arbeitszielen und Leistungsmaßstäben entgegenbringt. Es gibt gewisse Zeichen, die darauf hindeuten, dass ein Mitarbeiter sich mit seiner Aufgabe identifiziert. Das ist zum Beispiel eindeutig der Fall, wenn der Beurteilte anfängt, über Pläne zur Verwirklichung eines Ziels zu sprechen oder fragt, wie ein Plan umgesetzt werden soll und wer noch über das Ziel informiert werden sollte. Prüfen Sie die Einstellung des Beurteilten zu seinen Aufgaben, indem Sie ihm eine Frage stellen, die auf ein eindeutiges »Ja« abzielt. Wenn er noch Vorbehalte hat, wird er weitere Fragen stellen.

**69** Achten Sie darauf, wie bereitwillig ein Mitarbeiter Verantwortung übernimmt.

**70** Praktische Fragen oder Vorschläge zeugen von Einsatzbereitschaft.

## TERMINE VEREINBAREN

Bitten Sie den Beurteilten, einen angemessenen Termin für eine erste Ergebniskontrolle vorzuschlagen. Wenn er den Stichtag selbst bestimmt, fühlt er sich für seine Arbeit in stärkerem Maß verantwortlich und ist motivierter, als wenn ihm ein Termin aufoktroyiert wird. Mit unerfahrenen Mitarbeitern müssen Sie unter Umständen häufigere Ergebnisbesprechungen abhalten. Stellen Sie klar, unter welchen Bedingungen vom Besprechungsturnus abgewichen werden kann.

**71** Betonen Sie, dass Sie nicht überwachen werden, aber auf dem Laufenden sein wollen.

**72** Akzeptieren Sie ein »Ja« nur dann, wenn der Beurteilte auch überzeugt klingt.

### ZEICHEN VON ENGAGEMENT ▼

*Ein engagierter Mitarbeiter informiert seinen Vorgesetzten über Teilergebnisse, bittet bei Bedarf um Hilfestellung und spricht mit Kollegen über seine Tätigkeit. Lustlose Mitarbeiter gehen ihrem Vorgesetzten meist aus dem Weg und reden ungern über ihre Arbeit.*

## ENGAGEMENT BEWERTEN

Ein engagierter Mitarbeiter nimmt seine Aufgabe wichtig. Wenn er feststellt, dass er einen Termin nicht einhalten kann, bittet er um eine Fristverlängerung oder schlägt vor, weniger wichtige Aktivitäten zu verschieben. Ist ein Angestellter gar nicht gewillt, eine Aufgabe auszuführen, merken Sie dies wahrscheinlich erst nach dem Stichtag. Bewerten Sie das Engagement des Beurteilten, indem Sie sich erinnern, ob er Sie über Probleme rechtzeitig informiert hat. Wenn Sie ihm nachlaufen mussten, sollten Sie herausfinden, warum er sich nicht mit seiner Aufgabe identifiziert.

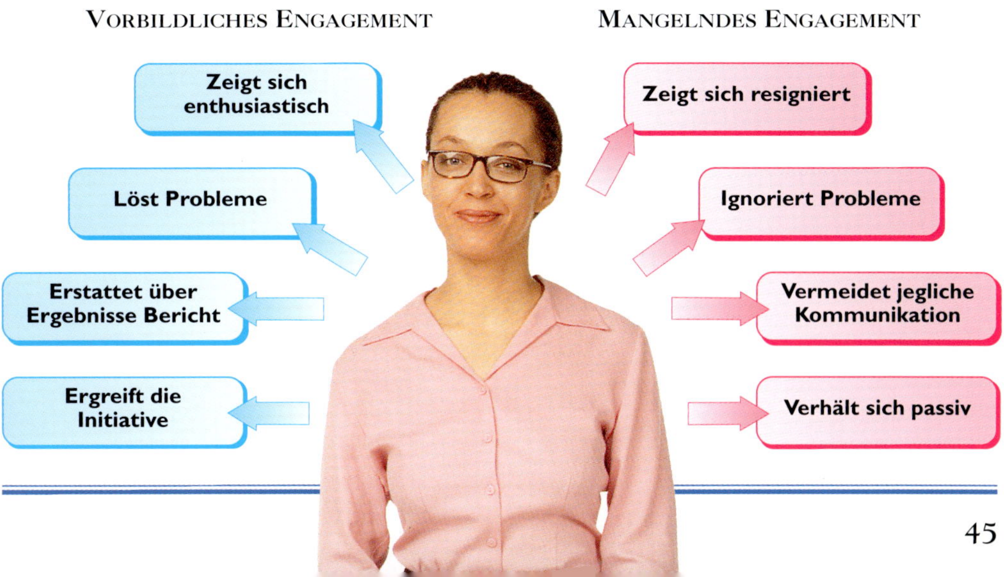

# SCHWIERIGE SITUATIONEN MEISTERN

*Mitarbeiter sehen einem Beurteilungsgespräch beinahe zwangsläufig mit Besorgnis entgegen, da ihre Fähigkeiten zur Diskussion stehen und es um ihre Zukunft geht. Bleiben Sie stets flexibel und lernen Sie, heikle Situationen mit Bestimmtheit und Taktgefühl zu bewältigen.*

**73** **Stellen Sie sich auf absehbare negative Reaktionen ein.**

## AUF UNERWARTETEN WIDERSPRUCH REAGIEREN

Wenn der Beurteilte Ihre Autorität oder Ihre Darstellung der Tatsachen in Frage stellt, sollten Sie sofort auf seine Einwände eingehen. Wenn Sie Zeit zum Nachdenken brauchen, dann fordern Sie den Beurteilten mithilfe von W-Fragen auf, das Problem klarer darzulegen. Sollte der Beurteilte Ihnen etwas mitteilen, das Ihnen unbekannt war oder eine Situation in einem anderen Licht erscheinen lässt, müssen Sie überlegen, ob dies einen Einfluss auf die Bewertung hat, die Sie vornehmen wollten.

*Der Mitarbeiter äußert Klagen und zweifelt Fakten der Vorgesetzten an.*

*Die Vorgesetzte hört zu und lässt den Beurteilten ausreden.*

*Die Vorgesetzte denkt lange nach und antwortet ruhig auf den Einwand.*

▲ **WIDERSTAND ÜBERWINDEN**
*Die Abbildungen zeigen, wie es einer Führungskraft gelingt, durch ruhiges Nachdenken und eine besonnene Antwort eine produktivere Diskussion anzuregen, sodass Maßnahmen vereinbart werden können, mit denen sich der Beurteilte vollkommen identifiziert.*

## EIGENE GRENZEN ERKENNEN

Unter Umständen erfahren Sie während des Gesprächs, dass die Leistungsfähigkeit des Mitarbeiters aus bestimmten Gründen eingeschränkt war, etwa aufgrund einer ernsten Krankheit, die er bislang für sich behalten hatte. Als Führungskraft müssen Sie verschiedene Interessen abwägen: Einerseits ist es wichtig, Mitarbeiter zu motivieren, andererseits müssen Sie den Erfolg Ihres Teams und des Unternehmens im Auge behalten. Zeigen Sie Verständnis, aber weichen Sie nicht von der Regelung ab, die in Ihrer Firma ansonsten im Krankheitsfall gilt.

**74** **Fragen Sie bei Bedarf Kollegen oder externe Fachleute um Rat.**

**75** **Bemühen Sie sich, jederzeit ruhig und beherrscht zu bleiben.**

## ABBRUCH DES GESPRÄCHS

Unter gewissen Bedingungen haben Sie keine andere Wahl, als das Gespräch abzubrechen. Strengen Sie sich aber zunächst an, eine heikle Situation zu entschärfen. Wenn der Beurteilte erregt ist, warten Sie, bis er sich beruhigt. Zeigen Sie sich verständnisvoll, wenn er die Kontrolle verliert, aber lassen Sie sich nicht beeinflussen, wenn Sie das nur von Ihrer Bewertung ablenken soll. Kommen Sie zum nächsten Tagesordnungspunkt. Wenn der Beurteilte Ihnen allerdings nicht mehr zuhört, hat es wenig Sinn, fortzufahren. Setzen Sie so früh wie möglich einen neuen Gesprächstermin an.

# LEISTUNGSSCHWÄCHEN BEHEBEN

*Mit Leistungsschwächen von Angestellten richtig umzugehen bedeutet eine Herausforderung. Machen Sie dem Betreffenden das Problem bewusst, gehen Sie es dann auf konstruktive Weise an. Ermitteln Sie die Ursachen, fragen Sie nach praktikablen Lösungen.*

**76** Verdeutlichen Sie, dass der Beurteilte alle Probleme zusammen mit Ihnen lösen kann.

**77** Sprechen Sie nur für die Leistung des Beurteilten unmittelbar relevante Probleme an.

## PROBLEMBEWUSSTSEIN SCHAFFEN

Damit Sie ein Problem beheben können, muss zunächst der Beurteilte anerkennen, dass es existiert. Solange er nicht eingesehen hat, dass sein eigenes Handeln ihn daran hindert, seine Arbeitsziele zu erreichen, wird er nicht entschlossen sein, das Problem zu lösen. Erklären Sie dem Beurteilten, welche Auswirkungen seine Leistungsschwäche auf den Erfolg des Teams und des Unternehmens hat. Stellen Sie Fragen, um sicherzustellen, dass der Mitarbeiter sich des Problems nun bewusst ist.

## URSACHENFORSCHUNG

Sobald der Beurteilte seine Leistungsschwäche erkannt hat, sollten Sie nach den Gründen suchen und nach Möglichkeiten, Abhilfe zu schaffen. Bitten Sie den Beurteilten, das Problem zu erklären. Wenn ein Angestellter z. B. mit seiner Arbeit im Rückstand ist, hat er möglicherweise Fortbildungsbedarf; fragen Sie sich aber, ob noch weitere Faktoren zu berücksichtigen sind. Achten Sie darauf, ob der Mitarbeiter Ausreden erfindet oder anderen Abteilungen die Schuld gibt – sorgen Sie dafür, dass er sich zu seiner Verantwortung bekennt.

### WICHTIGE FRAGEN

- **F** Tragen zu dem Leistungsdefizit vielleicht auch Organisationsprobleme bei?
- **F** Sind die eingesetzten Maschinen für den Zweck geeignet?
- **F** Hat der Mitarbeiter mit einem zu knappen Budget zu kämpfen?
- **F** Werden für den Zweck die richtigen Materialien verwendet?

## MASSNAHMEN GEGEN LEISTUNGSSCHWÄCHEN

| PROBLEM | MÖGLICHE LÖSUNGEN |
|---|---|
| **FEHLENDE EIGNUNG**<br>Die Unfähigkeit, die betreffende Aufgabe auszuführen, möglicherweise auf Grund von Unerfahrenheit oder einer Fehlbesetzung. | • Sorgen Sie für Hilfestellung und organisieren Sie Fortbildungsmaßnahmen.<br>• Wenn das nichts bewirkt, suchen Sie eine Aufgabe, die dem Beurteilten eher angemessen ist. |
| **UNGENÜGENDE QUALIFIKATION**<br>Ein Mangel an Fähigkeiten oder Kenntnissen, der den Angestellten davon abhält, effektiv zu arbeiten. | • Stellen Sie Wissenslücken oder Ausbildungsdefizite fest, und wählen Sie Entwicklungsaktivitäten aus.<br>• Formulieren Sie Ziele für eine kontinuierliche Steigerung. |
| **MANGELNDE MOTIVATION**<br>Eine Herabsetzung der Effektivität des Mitarbeiters, bedingt durch Unter- oder Überforderung. | • Organisieren Sie Entwicklungsaktivitäten, die dem Beurteilten neuen Antrieb geben.<br>• Überprüfen Sie, ob Sie dem Beurteilten zu schwierige Aufgaben übertragen haben. |
| **ABGELENKTHEIT**<br>Die Unfähigkeit eines Mitarbeiters, konzentriert und effektiv zu arbeiten, vielleicht auf Grund eines persönlichen Problems. | • Geben Sie dem Mitarbeiter nötigenfalls frei, damit er sich um seine Probleme kümmern kann.<br>• Erwägen Sie, den Mitarbeiter an Experten zu verweisen, wenn sich seine Leistung nicht bessert. |
| **ENTFREMDUNG**<br>Distanzierte oder ablehnende Haltung des Angestellten gegenüber Tätigkeit und Unternehmen infolge ständiger Frustration. | • Schauen Sie, wo die Frustration herrührt. Vielleicht aus dem Eindruck mangelnder Wertschätzung.<br>• Überlegen Sie, ob es besser ist, den Mitarbeiter an einen Berufsberater zu verweisen. |

**78** Erklären Sie Mitarbeitern, die sich scheuen, die Initiative zu ergreifen, mögliche Verbesserungen.

## LÖSUNGEN FINDEN

Die besten Lösungen sind diejenigen, die dem Beurteilten selbst einfallen. Diskutieren Sie mit dem Mitarbeiter über die zur Wahl stehenden Möglichkeiten. Wenn seine Idee unrealistisch ist, sollten Sie ihn auffordern, die Vor- und Nachteile seines Plans darzulegen oder darüber nachzudenken, welche Risiken damit verbunden sind. So helfen Sie dem Mitarbeiter, einen leichter durchführbaren Aktionsplan zu erstellen. Vereinbaren Sie zum Schluss einen Plan mit kurz- und langfristigen Komponenten, der die Leistungen des Mitarbeiters unmittelbar auf ein höheres Niveau bringt und dann konstant verbessert.

# ENTWICKLUNGSCHANCEN ERÖRTERN

*Fortbildungs- und Entwicklungsaktivitäten sollen dem Beurteilten helfen, seine Arbeitsziele zu erreichen und seine Leistung sowohl kurz- als auch langfristig zu steigern. Wählen Sie geeignete Aktivitäten und einigen Sie sich mit dem Mitarbeiter auf Lernziele.*

**79** Denken Sie bei der Planung von Entwicklungsmaßnahmen auch langfristig.

**80** Sorgen Sie dafür, dass der persönliche Entwicklungsplan der aktuellen Situation gerecht wird.

### ENTWICKLUNGSSCHRITTE DOKUMENTIEREN

*Fordern Sie den Beurteilten auf, die vorgesehenen Schulungen mit den dazugehörigen Lernzielen festzuhalten. Einzelheiten der Aktivitäten sollten vom Beurteiler festgehalten werden.*

## RICHTIG VERSTANDENE PERSONALENTWICKLUNG

Fortbildungs- und Entwicklungsmaßnahmen dienen dazu, einem Angestellten kontinuierlich neue Fähigkeiten zu vermitteln, die ihm in seiner gegenwärtigen Rolle zugute kommen, aber auch dazu, sein Potenzial für die Zukunft zu erschließen. Außerdem erleichtern sie es Mitarbeitern, Veränderungen als Chance zu begreifen und daraus zu lernen, effektiver zu arbeiten und mehr Verantwortung zu übernehmen. Die entsprechenden Aktivitäten werden in einem persönlichen Entwicklungsplan dokumentiert, der gegenwärtige und zukünftige Entwicklungsziele festlegt.

### PERSÖNLICHER ENTWICKLUNGSPLAN

**Name: JÜRGEN GRUBER**

| Entwicklungsziel | Aktivität | Zeitpunkt | Lernziel | Ergebnis |
|---|---|---|---|---|
| Sinnvolle Arbeitsschwerpunkte setzen, genügend Zeit für jeden Arbeitsschritt einplanen, Aufgaben termingerecht erledigen. Hinweise zur besseren Zeitplanung und Organisation wären sehr hilfreich. | Eintägiger Zeit-Management-Kurs<br>Kosten: 330 Euro; Durchführung: externer Schulungsanbieter | Oktober | Besser mit meiner Zeit haushalten und mich aufs Wesentliche konzentrieren | • Habe Techniken erlernt, die mir helfen, meinen Tagesablauf vernünftig zu planen<br>• Arbeite effektiver, da es mir besser gelingt, mich auf Dinge zu konzentrieren, die Priorität haben |

*Beurteilter fasst den Zweck der Aktivität zusammen.*

*Beurteiler beschreibt Aktivität und macht Angaben zu Kosten und Durchführung.*

*Beurteilter gibt an, was er sich von der Aktivität erhofft.*

*Beurteilter hält nach der Schulung die Ergebnisse fest.*

## GEEIGNETE ENTWICKLUNGSMASSNAHMEN TREFFEN

Ein Mitarbeiter kann oft von einem Vorgesetzten oder Kollegen geschult werden; der Lernprozess lässt sich aber beschleunigen, wenn weitere Methoden zur Anwendung kommen. Diskutieren Sie mit dem Beurteilten darüber, was für ihn am besten ist. Fragen Sie ihn, welche Lernmethode er bevorzugt. Finden Sie heraus, ob er schneller lernt, wenn er etwas selbst ausführen darf oder wenn er es gezeigt bekommt, und ob er gerne liest oder von einer computergestützten Schulung mehr profitieren würde. Wählen Sie eine Methode und entscheiden Sie, wann die Schulung stattfinden soll.

**81** Sehen Sie, von welcher Fortbildung der Beurteilte bisher am meisten profitiert hat.

**82** Halten Sie Angestellte dazu an, jede Entwicklungsmöglichkeit zu nutzen.

### MÖGLICHE AKTIVITÄTEN

Beispiele für Entwicklungsaktivitäten und -maßnahmen:

- Coaching und Betreuung
- Lernen durch Beobachtung und Nachahmung von Kollegen
- Lektüre von Zeitschriften/Büchern
- Besuch von Kursen oder Lehrgängen
- Übernahme delegierter Aufgaben
- Teilnahme an Projektbesprechungen
- Rotation oder Versetzung
- Arbeiten an Sonderprojekten
- Teilnahme an Tagungen, Konferenzen oder Seminaren
- Erwerb von relevanten Zusatzqualifikationen

## LERNZIELE FORMULIEREN

So wie Sie mit dem Beurteilten klare Arbeitsziele mit dazugehörigen Erfolgskriterien vereinbaren, sollten Sie auch festhalten, zu welchem Lernerfolg eine Fortbildungs- oder Entwicklungsaktivität führen soll. Wenn Sie Lernziele definieren, wird dem Beurteilten der Zweck einer Fortbildungsmaßnahme eher bewusst, und Sie können leichter überprüfen, ob eine bestimmte Aktivität den Anforderungen des Teams und seiner Mitglieder gerecht wird. Halten Sie fest, welche Fähigkeit der Mitarbeiter am Ende der Schulung erworben haben soll und in welchem Grad. Sie erhalten somit ein Lernziel mit zwei Komponenten – einer Tätigkeit und einem Maßstab. Wenn Sie einen Mitarbeiter beispielsweise zu einer Schulung schicken möchten, die ihm Informationen über den Service vermitteln soll, den Sie anbieten, dann könnte das Lernziel dieses Mitarbeiters darin bestehen, nach der Schulung Kundenanfragen nach dreien Ihrer Produkte beantworten zu können. Auch wenn vorab bekannt ist, welche allgemeinen Lerninhalte eine Schulung hat, sollten Sie individuelle Lernziele formulieren, entsprechend den Bedürfnissen Ihres Mitarbeiters.

# ÜBER AMBITIONEN UND PERSPEKTIVEN DISKUTIEREN

*Die meisten Menschen streben nach höheren Positionen und wollen beruflich vorankommen. Nehmen Sie das Beurteilungsgespräch zum Anlass, mit einem Angestellten über seine Ambitionen zu reden, damit Sie ihm helfen können, seinen weiteren Werdegang zu planen.*

**83** Sprechen Sie über langfristige Aussichten wie auch über unmittelbare Ziele.

## ZUKUNFTSPLANUNG

Bringen Sie in Erfahrung, welche Ambitionen der Beurteilte hegt, damit Sie ihn unterstützen und seine Entwicklung fördern können. Fragen Sie ihn zuerst, wie sich seine Rolle in den nächsten zwölf Monaten voraussichtlich ändern wird, und dann, was er in einem oder zwei Jahren gerne tun würde. Versuchen Sie Entwicklungsziele für beide Zeitrahmen zu formulieren. Es gibt vielfältige Möglichkeiten, einen Mitarbeiter zu fördern; beispielsweise helfen ihm Sonderprojekte, Ortstermine und das Vorbereiten von Präsentationen für Kollegen dabei, sicherer zu werden oder dazuzulernen.

*Führungskraft erkennt Potenzial des Mitarbeiters und organisiert Fortbildungsmaßnahmen.*

*Beurteilter äußert den Wunsch, in eine höhere Stellung aufzusteigen.*

**▲ WEICHENSTELLUNG**
*Diese Bildsequenz zeigt, wie ein Unternehmen von der Förderung eines Mitarbeiters mit Führungsqualitäten profitiert, und wie ein Mitarbeiter, dessen Pläne zunichte gemacht werden, das Unternehmen frustriert verlässt.*

## BEFÖRDERUNGEN EINKALKULIEREN

Machen Sie sich klar, nach welchen Prinzipien in Ihrem Unternehmen Beförderungen erfolgen. Bringen Sie in Erfahrung, welche Laufbahn Mitglieder Ihres Teams oder andere Angehörige Ihres Unternehmens beschritten haben. Wenn ein Mitarbeiter Ehrgeiz und das nötige Potenzial hat, könnte er auf Grund einer Beförderung in einem oder zwei Jahren in eine andere Abteilung wechseln. Sprechen Sie sich nicht für eine Beförderung aus, wenn Sie nichts dazu beitragen können oder wenn sie der Unternehmenspolitik widerspräche – auch dann nicht, wenn Sie einen solchen Schritt begrüßen würden.

*Beurteilter wird befördert und übernimmt die Leitung eines neuen Projektteams.*

*Mitarbeiter kann sich nicht fortbilden, verliert die Motivation und beschließt, eine neue Stelle zu suchen.*

## UNTERNEHMENSINTERESSEN WAHREN

Berücksichtigen Sie immer die Ziele Ihres Unternehmens. Halten Sie die Personalakten Ihrer Mitarbeiter auf dem neuesten Stand, und vergewissern Sie sich, dass die Personalabteilung und das Führungsteam im Bild über Mitglieder Ihres Teams sind, die ein besonders großes Potenzial aufweisen. Versuchen Sie nicht, Mitarbeiter möglichst lang in Ihrem Team zu halten, weil Sie zu ihrer Entwicklung beigetragen haben; denken Sie daran, dass Neuzugänge immer für frischen Wind sorgen. Vergessen Sie auch nicht, dass der Unternehmensspitze Führungskräfte, die ihre Teams verkleinern, lieber sind als solche, die nie Mitarbeiter abgeben. Erwerben Sie sich nach Möglichkeit den Ruf, Mitarbeiter zu fördern, da dies dazu führen wird, dass mehr Menschen zu Ihrem Team stoßen wollen.

### TUN UND LASSEN

- ✔ Versuchen Sie für die Beförderung von Mitarbeitern zu sorgen, die mehr Verantwortung übernehmen können.
- ✔ Überlegen Sie rechtzeitig, wie Sie einen Mitarbeiter ersetzen würden, der befördert wurde.
- ✗ Schieben Sie leistungsschwache Mitarbeiter nicht in andere Abteilungen ab.
- ✗ Gehen Sie nicht davon aus, dass jeder Angestellte seine derzeitige Position beibehalten will.

# MASSNAHMEN PLANEN

*Damit der Beurteilte seine Arbeitsziele erreicht, muss er wissen, wer wofür verantwortlich ist und bis wann jede Aufgabe ausgeführt sein muss. Erarbeiten Sie zusammen mit dem Beurteilten einen detaillierten Aktionsplan, der festlegt, was zu tun ist.*

**84** **Machen Sie immer klar, wer für eine Aufgabe verantwortlich ist.**

**85** **Führen Sie Ihre eigenen Aufgaben stets termingerecht aus.**

## MASSNAHMEN FESTHALTEN

Mit einer Aufzeichnung über die Ergebnisse des Gesprächs vermeiden Sie spätere Missverständnisse oder Meinungsverschiedenheiten. Verwenden Sie einen Vordruck oder fordern Sie den Beurteilten auf, seinen Notizblock zu benutzen. Diktieren Sie den Aktionsplan unter keinen Umständen, da sich der Beurteilte sonst nicht so leicht mit ihm identifizieren wird. Auch Sie als Beurteiler können gewisse Aufgaben übernehmen, vor allem, wenn es darum geht, Ressourcen für Fortbildungs- und Entwicklungsmaßnahmen bereitzustellen oder Menschen in anderen Unternehmensbereichen darüber zu informieren, dass der Beurteilte mit Ihrer Zustimmung handelt.

**ERSTELLUNG EINES AKTIONSPLANS ▼**

*Arbeiten Sie einen Aktionsplan aus, der die vereinbarten Maßnahmen dokumentiert. Das kann eine einfache Notiz über einen Rechercheauftrag sein oder eine ausführlichere Beschreibung von neuen Aufgaben oder Projekten.*

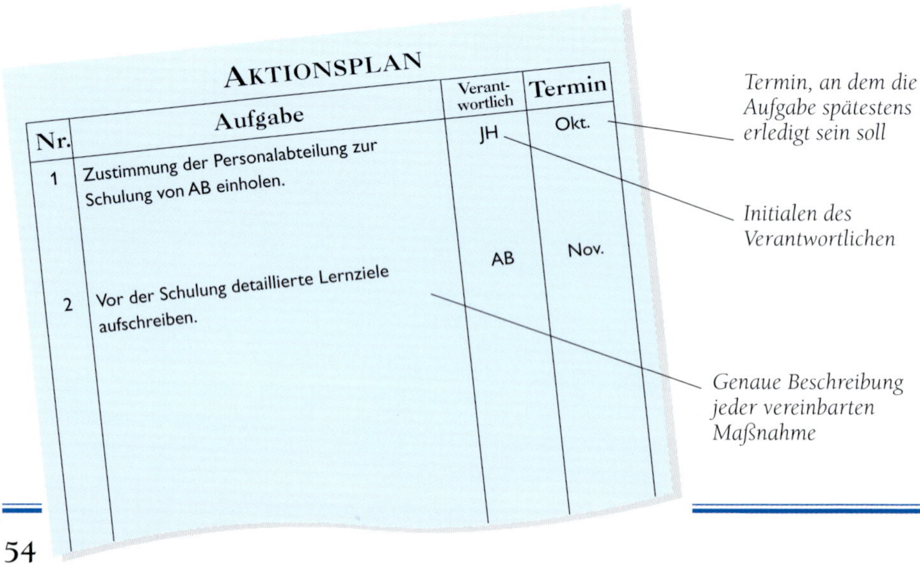
AKTIONSPLAN

| Nr. | Aufgabe | Verantwortlich | Termin |
|---|---|---|---|
| 1 | Zustimmung der Personalabteilung zur Schulung von AB einholen. | JH | Okt. |
| 2 | Vor der Schulung detaillierte Lernziele aufschreiben. | AB | Nov. |

## PROJEKTPLANUNG

Ein Projekt ist eine Reihe von Aktivitäten, die dazu dienen, mit einem festgelegten Budget und innerhalb eines vorgegebenen Zeitrahmens ein bestimmtes Ergebnis zu erzielen. Manche Arbeitsziele, die Sie formulieren, können die Form eines Projekts annehmen. Wenn Sie einen Mitarbeiter während des Beurteilungsgesprächs mit einem Projekt beauftragen, sollten Sie ihm erklären, wie er durch richtiges Projektmanagement bessere Ergebnisse erzielen kann. Bestehen Sie auf quantitativen und qualitativen Erfolgskriterien. Wenn Sie Zweifel haben, dass der Beurteilte in der Lage sein wird, das Projekt erfolgreich abzuschließen, müssen Sie diese äußern.

### DELEGIEREN EINES PROJEKTS

**Erklären Sie den Zweck des Projekts.**

↓

**Definieren Sie die Ziele des Projekts im Einzelnen.**

↓

**Erläutern Sie Sachzwänge und vereinbaren Sie eine Vorgehensweise.**

↓

**Bitten Sie den Beurteilten, Etappenziele aufzulisten.**

↓

**Klären Sie, wie die Teilergebnisse zu kontrollieren sind.**

↓

**Sichern Sie, dass der Beurteilte eine Chance hat, das Projekt erfolgreich durchzuführen.**

## TERMINPLANUNG

Damit der Beurteilte die Initiative ergreift und sich mit seinen Zielen identifiziert, ist es wichtig, dass Sie möglichst wenige der Aufgaben übernehmen. Möglicherweise gibt es aber Dinge zu tun, die nicht in den Zuständigkeitsbereich des Mitarbeiters fallen – wenn er z. B. die Erlaubnis benötigt, ein Projekt zu leiten. Lassen Sie den Beurteilten wissen, was Sie erledigen müssen, damit beide Seiten sich die Termine vormerken können, an denen bestimmte Schritte ausgeführt sein müssen. Überlegen Sie nach dem Gespräch, wie viel Zeit und welche Ressourcen Sie benötigen, um sicherzustellen, dass der Beurteilte sein Ziel erreicht, ohne dass Sie ihm die Arbeit abnehmen.

*Beurteiler notiert sich Termine für Ergebniskontrollen.*

**TERMINE FESTHALTEN ▶**
*Wenn beide Seiten sich notieren, wer was bis wann zu hat, lassen sich Missverständnisse in Bezug auf Termine oder die Aufgabenverteilung vermeiden.*

# GESPRÄCHSERGEBNISSE ZUSAMMENFASSEN

*Es ist wichtig, die Ergebnisse des Beurteilungsgesprächs festzuhalten, damit auf beiden Seiten – und im Rest des Unternehmens – Klarheit über die getroffenen Vereinbarungen herrscht. Erstellen Sie zusammen mit dem Beurteilten eine detaillierte Zusammenfassung.*

**86** **Achten Sie darauf, was der Beurteilte sagt und wie er es sagt.**

**87** **Diktieren Sie dem Beurteilten keinen Text, sondern lassen Sie ihn seine eigenen Worte finden.**

## DEN BEURTEILTEN EINBEZIEHEN

Lassen Sie den Beurteilten mithilfe seiner Notizen oder des von ihm ausgefüllten Formulars alle Vereinbarungen zusammenfassen, um noch einmal zu prüfen, ob er entschlossen ist, den Aktionsplan umzusetzen. Wenn der Beurteilte Schwierigkeiten hat, den Inhalt des Aktionsplans mit eigenen Worten wiederzugeben, bedeutet dies, dass noch Erklärungsbedarf besteht. Sprechen Sie über Bereiche, in denen anscheinend Unklarheiten bestehen.

**FALLBEISPIEL**

Christine, Martins Vorgesetzte, hatte das Beurteilungsgespräch wegen Zeitmangels vorzeitig beenden müssen und Martin infolgedessen nicht aufgefordert, den neuen Aktionsplan mit eigenen Worten zusammenzufassen. Sie erwartete, dass Martin Schreibmaterial bei einem bestimmten Zulieferer bestellen würde, mit dem eine lange Geschäftsbeziehung bestand. Martin glaubte jedoch, er solle mehrere Anbieter kontaktieren und deren Preise vergleichen. Das Missverständnis wurde am nächsten Tag offenbar, als Martin Christine mitteilte, dass das Material nicht rechtzeitig geliefert werden würde. Christine fragte nach und erklärte dann, dass es nicht nötig sei, verschiedene Angebote einzuholen. Anschließend bat Sie Martin zu erläutern, was er tun würde, um den Zeitplan einzuhalten. Somit waren weitere Missverständnisse ausgeschlossen; die Ware traf genau zum richtigen Zeitpunkt ein.

**◄ KLARHEIT SCHAFFEN**

*Christine hatte Martin nicht aufgefordert, seinen Auftrag mit eigenen Worten wiederzugeben, und damit ein Missverständnis heraufbeschworen. Glücklicherweise klärte sich am nächsten Tag alles auf und Christine konnte nachholen, was sie versäumt hatte. Diesmal bat sie Martin, seine nächsten Schritte genau zu beschreiben, was für Klarheit sorgte und dazu führte, dass das Schreibmaterial rechtzeitig geliefert wurde.*

## MISSVERSTÄNDNISSE KLÄREN

Wenn der Beurteilte bei seiner Zusammenfassung einen entscheidenden Punkt weglässt oder etwas falsch wiedergibt, müssen Sie darauf sofort reagieren. Vielleicht hat der Beurteilte eine Vereinbarung uminterpretiert, um nicht zur Tat schreiten zu müssen. Lassen Sie ein Missverständnis nie auf sich beruhen, da es schwierig sein wird, auf eine Frage zurückzukommen, ohne dass Ihre Glaubwürdigkeit darunter leidet. Wenn Sie selbst eine Klarstellung benötigen, bitten Sie den Beurteilten, eine Aussage zu wiederholen, oder fassen Sie sie selbst zusammen und vergewissern Sie sich, dass beide das Gleiche meinen.

### NICHT VERGESSEN

- Missverständnisse entstehen oft dadurch, dass jemand nur das hört, was er hören will.
- Am besten ist es, von vornherein für Klarheit zu sorgen.
- Ein Mitarbeiter sollte seinen Aktionsplan in eigene Worte fassen dürfen.
- Missverständnisse, die lange ungeklärt bleiben, können zu einem Vertrauensverlust führen.

**88** **Stellen Sie sicher, dass der Beurteilte die Ergebnisse nicht anders interpretiert als Sie.**

## BESTÄTIGUNG EINHOLEN

Nehmen Sie sich vor, das Gespräch mit einer Übereinkunft zu beenden, die beide Seiten zufrieden stellt. Wenn die Zeit nicht ausreicht, um in wichtigen Fragen eine völlige Einigung zu erzielen, sollten Sie zu einem späteren Zeitpunkt erneut versuchen, diese Punkte zu klären. Am Ende des Gespräch sollten Sie den persönlichen Entwicklungsplan und/oder den Aktionsplan ausgefüllt vor sich haben.

## UM RÜCKMELDUNG BITTEN

Damit Sie sich als Beurteiler weiterentwickeln können, sollten Sie den Mitarbeiter unmittelbar nach seiner Beurteilung fragen, wie hilfreich das Gespräch für ihn war. Finden Sie heraus, ob er Sie als aufmerksamen Zuhörer empfunden hat und ob er das Ergebnis – Aktions- und Entwicklungsplan eingeschlossen – für wertvoll hält. Stellen Sie eine W-Frage wie: »Wie fruchtbar fanden Sie unser Gespräch?« Fragen Sie, was am nützlichsten war und was sich verbessern ließe. Oft ist es nicht leicht für Angestellte, sich ehrlich über das Verhalten ihres Beurteilers zu äußern, achten Sie also auf Körpersprache und Tonfall des Beurteilten, um herauszufinden, ob er Ihnen gegenüber völlig offen ist oder mit seiner Meinung hinter dem Berg hält. Wenn Sie an der Aufrichtigkeit des Beurteilten zweifeln, haken Sie nach, bis er etwaige unterdrückte Kritik zum Ausdruck bringt. Fordern Sie ihn später (z. B. während einer Ergebnisbesprechung) zu einer weiterführenden Bewertung auf.

# DIE NACH-BEREITUNG

Nach dem Beurteilungsgespräch ist eine Ergebnissicherung unerlässlich, wenn der Beurteilte seine Motivation aufrechterhalten und Fortschritte erzielen soll.

## FORTSCHRITTE ÜBERWACHEN

*Damit ein Beurteilungsgespräch eine positive Langzeitwirkung hat, müssen alle Fortschritte sorgfältig überwacht werden. Sie sollten wissen, welche Art von Ergebniskontrolle in bestimmten Situationen angemessen ist und worauf bei der Durchführung zu achten ist.*

**89** Führen Sie auch bei guten Fortschritten kurze Ergebnisbesprechungen durch.

**90** Versuchen Sie stets herauszufinden, ob ein Mitarbeiter zufrieden ist.

**91** Stellen Sie sich vor, was dem Beurteilten Probleme bereiten könnte.

### ERGEBNISKONTROLLEN

Halten Sie Ergebnisbesprechungen ab, um festzustellen, ob vereinbarte Etappenziele erreicht worden sind, um Stärken und Schwächen des Beurteilten zu erkennen und um ihm Sicherheit zu geben. Indem Sie sich über die Fortschritte des Beurteilten auf dem Laufenden halten, motivieren Sie ihn dazu, sich weiter zu steigern. Wählen Sie eine Art der Ergebniskontrolle, die dem Leistungsstand des Mitarbeiters und den bisher erzielten Fortschritten angemessen ist. Lassen Sie erfahrene Mitarbeiter so selbstständig wie möglich für die Einhaltung ihrer Termine sorgen.

## VERSCHIEDENE ARTEN VON ERGEBNISBESPRECHUNGEN

| ART | ZWECK |
|---|---|
| **KURZE LAGEBESPRECHUNG** Eine spontane, informelle Besprechung ohne feste Tagesordnung | Ist nützlich, wenn ein Mitarbeiter eine ungewohnte Aufgabe ausführt oder wenn etwas vorgefallen ist, das für den Mitarbeiter oder das Projekt Implikationen hat. |
| **AD-HOC-BESPRECHUNG** Zehn- bis fünfzehnminütige Besprechung über ein bestimmtes Thema | Werden abgehalten, wenn eine Problemlösung erarbeitet werden muss, weil ein bestimmtes Ziel nach Meinung des Beurteilten oder des Beurteilers sonst vielleicht nicht erreicht werden kann. |
| **BESPRECHUNG ÜBER TEILERGEBNISSE** Eine im Voraus angesetzte Besprechung mit dem Ziel, festzustellen, ob vereinbarte Etappenziele erreicht wurden | Solche Besprechungen dienen dazu, sicherzustellen, dass die erwarteten Fortschritte erzielt werden und alles nach Plan verläuft. |
| **ABSCHLUSSBEWERTUNG** Eine nach Beendigung eines Projekts abgehaltene Besprechung zum Zweck einer umfassenden Erfolgskontrolle | Bietet eine Gelegenheit, Lernerfolge festzuhalten und zu prüfen, ob die vereinbarten Ziele erreicht wurden und angemessen waren. |

## ERGEBNISBESPRECHUNGEN ABHALTEN

Es ist zwar wichtig, Kontrollpunkte festzulegen, doch wenn es nur kleinere Fehler zu korrigieren gibt, sollten Sie nicht eingreifen. Nutzen Sie Ergebnisbesprechungen stattdessen dazu, sich zusammen mit dem Beurteilten einen Überblick über die bisherigen Fortschritte zu verschaffen. Stellen Sie W-Fragen, um den Beurteilten zu ermutigen, etwaige Probleme einzugestehen. Bieten Sie ihm Unterstützung an, wenn er Schwierigkeiten hat, das Problem selbst zu beheben; zwingen Sie ihn aber nicht, Ihre Hilfe anzunehmen, da Sie ja erreichen wollen, dass er sich mit seiner Tätigkeit identifiziert, Probleme durchdenkt und Lösungsvorschläge macht. Beschäftigen Sie sich nicht zu ausführlich mit Details, da Ergebnisbesprechungen sonst einen zu großen Teil Ihrer Zeit in Anspruch nehmen und Sie dem Beurteilten den Eindruck vermitteln, dass Sie an ihm zweifeln.

### WICHTIGE FRAGEN AN DEN BEURTEILTEN

- **F** Was ist bisher erreicht worden, und was haben wir gelernt?
- **F** Wie gut haben wir Ihrer Einschätzung nach bislang zusammengearbeitet?
- **F** Welche Faktoren waren vorteilhaft und welche hinderlich?
- **F** In welchen Bereichen sehen Sie weiteren Entwicklungsbedarf?
- **F** Welchen Einfluss könnte alles Bisherige auf unsere zukünftige Zusammenarbeit haben?
- **F** Ist es Ihnen unangenehm, die Verantwortung für die Durchführung dieser Korrekturmaßnahme zu übernehmen?
- **F** Rechnen Sie mit Problemen, die Ihre weitere Arbeit behindern könnten?

# ENTWICKLUNGSPLÄNE UMSETZEN

*Sie sollten überlegen, welche Art von Entwicklungsaktivitäten für den Angestellten geeignet wären. Aktualisieren Sie Entwicklungspläne in kurzen Abständen und helfen Sie Mitarbeitern, ihre Fortschritte bei der Umsetzung zu kontrollieren.*

**92** Halten Sie die Mitglieder Ihres Teams dazu an, Erfahrungen auszutauschen.

**93** Es ist nie zu spät, um neue Fähigkeiten zu erlernen.

**WEITERENTWICKLUNG ▼**
*Unabhängig von Ihrem Alter sollten Sie nie aufhören zu lernen. Je mehr Fähigkeiten und Kenntnisse Sie erwerben, desto sicherer und besser können Sie Ihre Tätigkeit ausüben.*

*Führungskraft erweitert Ihre Kenntnisse in Buchführung.*

## KONTINUIERLICHE LERNPROZESSE FÖRDERN

Jedes Teammitglied besitzt individuelle Fähigkeiten, Kenntnisse und Erfahrungen, die seine Einstellungen und sein Verhalten prägen. Ihre Mitarbeiter sind sich wahrscheinlich über einen Teil ihrer Stärken im Klaren, aber das Feedback, das Sie während eines Beurteilungsgesprächs geben, hilft ihnen zu überblicken, welche Fähigkeiten und Kenntnisse sie bisher erworben und welche Erfahrungen sie gemacht haben. Sprechen Sie mit jedem Mitarbeiter über den während des Beurteilungsgesprächs erstellten Entwicklungsplan, damit er sich mit ihm identifiziert und ständiges Dazulernen als etwas ganz Natürliches betrachtet.

**94** Ermutigen Sie Mitarbeiter dazu, neue Herausforderungen anzunehmen.

## ENTWICKLUNGSPLÄNE DURCHFÜHREN UND ANPASSEN

Planen Sie Entwicklungsaktivitäten, die dem Unternehmen, dem Team und dem einzelnen Mitarbeiter einen Vorteil bringen. So können Sie ihn an einem Erlebniskurs teilnehmen lassen, damit er lernt, wie Teams entstehen und reifen. Halten Sie den Mitarbeiter dazu an, die Ergebnisse seiner Entwicklungsaktivitäten regelmäßig anhand seines persönlichen Entwicklungsplans zu bewerten. Helfen Sie ihm, sich vielseitig einsetzbare Fähigkeiten anzueignen, die in verschiedensten Situationen von Nutzen sind. Modifizieren Sie den Entwicklungsplan bei Bedarf, damit sich der Beurteilte neuen Gegebenheiten oder Kundenbedürfnissen anpassen kann.

▲ **TEAMFÄHIGKEIT**

*Indem Sie abenteuerlustige Mitarbeiter an einem Kurs nach ihrem Geschmack teilnehmen lassen, helfen Sie ihnen, Teamfähigkeiten zu erwerben, die dem Team und dem gesamten Unternehmen nützlich sein werden. Darüber hinaus wird der betreffende Mitarbeiter seine Rolle als Teammitglied oder -leiter auch besser ausfüllen, wenn er seinem Hobby nachgehen kann.*

### ENTWICKLUNGS-BEWERTUNG

**Rekapitulieren Sie zusammen mit dem Beurteilten die vereinbarten Lernziele.**

↓

**Stellen Sie fest, ob diese Ziele erreicht worden sind.**

↓

**Fragen Sie den Beurteilten, welche neu erlernten Fähigkeiten ihm bei der Arbeit zugute kommen.**

↓

**Ermitteln Sie einzelne Leistungen, die das Ergebnis von Lernerfolgen waren.**

↓

**Prüfen Sie, inwieweit sich die Gesamtleistung des Mitarbeiters verbessert hat.**

↓

**Halten Sie die Ergebnisse im Entwicklungsplan fest.**

## FORTBILDUNG ÜBERWACHEN

Halten Sie im Anschluss an Entwicklungsaktivitäten des Mitarbeiters stets eine Besprechung ab, um zu ermitteln, ob die Lernziele erreicht wurden. Tun Sie dies auch nach einer Schulung am Arbeitsplatz. Wenn zwischen Erwartungen und Ergebnissen eine Diskrepanz besteht, sollten Sie darüber reden, wie diese beseitigt werden kann.

# TEAMGEIST FÖRDERN

*Das Sechs-Phasen-Beurteilungsschema ist für Gruppensitzungen ebenso geeignet wie für Einzelgespräche. Helfen Sie Ihrem Team, sich zu steigern, indem Sie regelmäßig Teambeurteilungen durchführen und sehen, welche gemeinsamen Fortbildungsmaßnahmen es gibt.*

**95** **Machen Sie Ihren Mitarbeitern klar, wie viel sie voneinander lernen können.**

**96** **Loben Sie Erfolge des Teams, um zu zeigen, dass Sie gute Zusammenarbeit schätzen.**

**TEAMBEURTEILUNGEN DURCHFÜHREN ▼**

*Lenken Sie die Aufmerksamkeit der Teammitglieder auf die Zielsetzung des Teams. Vereinbaren Sie die Tagesordnung und seien Sie dabei bereit, Themen, die Sie vorbereitet haben, zugunsten besserer Vorschläge vonseiten des Teams fallen zu lassen.*

## DAS SECHS-PHASEN-SCHEMA

Das Sechs-Phasen-Schema stellt nicht nur die Basis für Einzelgespräche dar, sondern ist auch bei der Gestaltung von Teamsitzungen nützlich. Stellen Sie die wichtigsten Diskussionsthemen zusammen, und berufen Sie das Team zu einer Gemeinschaftssitzung ein. Machen Sie klar, dass die Sitzung den Zweck hat, die Zusammenarbeit des Teams zu beurteilen, und erläutern Sie die Rolle jedes Einzelnen. Legen Sie Wert darauf, dass sich alle Gesprächsteilnehmer im Lauf der Sitzung notieren, was sie zu tun haben. Fordern Sie zum Schluss jeden Mitarbeiter auf, seine Aufgaben zusammenzufassen, damit Sie sicher sein können, dass er seinen Aktionsplan verstanden hat.

*Führungskraft spricht über Themen, die für das ganze Team von Interesse sind.*

*Mitarbeiterin wird ihren individuellen Aktionsplan am Ende zusammenfassen.*

*Mitarbeiter notiert sich seine Aufgaben.*

**97** Beteiligen Sie das ganze Team an der Planung seiner weiteren Entwicklung.

**98** Nutzen Sie Ihr Fortbildungsbudget optimal, indem Sie mehrere Mitarbeiter zugleich fördern.

## KOMMUNIKATION IM TEAM

Der Beurteilungsprozess kann zu einer besseren Zusammenarbeit des Teams beitragen. So wie Sie jeden Einzelnen während seiner Beurteilung zum offenen Dialog mit Ihnen ermuntern, sollten Sie auch alle Teammitglieder zusammen anhalten, ohne Hemmungen und konstruktiv miteinander zu kommunizieren. Eine entspannte Atmosphäre schafft dafür günstige Voraussetzungen. Alle Anwesenden sollten dazu angeregt werden, Informationen und Erfahrungen auszutauschen, damit ihr Zusammenhalt gestärkt wird. Teamsitzungen können dazu dienen, Probleme zu lösen, gute Arbeitsbeziehungen aufzubauen und die Leistungen eines Teams an seinen Arbeitszielen zu messen.

## GEMEINSAME FORTBILDUNG

Teilen Sie Mitarbeiter nach ihrem Fortbildungsbedarf in Gruppen ein, um die Wirtschaftlichkeit von Schulungen zu erhöhen. Führen Sie Buch darüber, wer an welcher Schulung teilgenommen hat und mit welchem Erfolg. So kann das obere Management erkennen, ob sich die Investitionen in Fortbildungs- und Entwicklungsmaßnahmen für das Unternehmen ausgezahlt haben. Wenn das Führungsteam überzeugt ist, dass es sich lohnt, Mitarbeiter zu fördern, werden weitere Investitionen folgen. Entwicklungspläne werden mit höherer Wahrscheinlichkeit gebilligt, wenn sie auf Erfolgen aufbauen.

### NICHT VERGESSEN

- Einheitliche Maßstäbe sind nicht nur innerhalb eines Teams erforderlich, sondern auch im Rest des Unternehmens.
- Kollegen sind oft die besten Berater füreinander.

**GRUPPENSCHULUNGEN** ▶
*Lassen Sie Mitarbeiter mit ähnlichen Anforderungen gemeinsam an Schulungen teilnehmen. Das ist kosteneffektiv und stärkt auch die kollegialen Beziehungen, da so Mitglieder eines Teams Lernerfahrungen austauschen können.*

# BEURTEILEN SIE SICH SELBST

*Damit ein Beurteilungssystem funktioniert, müssen die Führungskräfte ebenso an sich arbeiten und sich weiterentwickeln wie ihr Personal. Bewerten Sie Ihre Fähigkeiten als Beurteiler, und bitten Sie von Ihnen beurteilte Mitarbeiter um Rückmeldung.*

**99** **Seien Sie Ihr eigener Kritiker – aber üben Sie konstruktive Kritik.**

**100** **Nutzen Sie jede Gelegenheit, neue Fähigkeiten zu erlernen und einzuüben.**

**101** **Sorgen Sie dafür, dass ein Beurteilungsgespräch allen Beteiligten Vorteile bringt.**

## FORTSCHRITT KONTROLLIEREN

Um sicherzugehen, dass die von Ihnen durchgeführten Beurteilungsgespräche dazu beigetragen haben, die Leistung des Teams kontinuierlich zu steigern, sollten Sie die Ergebnisse analysieren, die jedes Teammitglied erzielt, nachdem ein Beurteilungsgespräch stattgefunden hat. Prüfen Sie, ob in den ersten drei Monaten oder einem ähnlichen Zeitraum eine merkliche Leistungssteigerung eingetreten ist. Kontrollieren Sie, ob die formulierten Arbeitsziele mit den Maßstäben vereinbar sind, die für alle Mitglieder Ihres Teams gelten. Überzeugen Sie sich davon, dass der Aktionsplan Ihres Teams umgesetzt worden ist, und fragen Sie sich, ob Sie für die zugesagte Unterstützung gesorgt und entsprechende Ressourcen bereitgestellt haben. Lassen die Ergebnisbesprechungen Fortschritte erkennen?

## WIE SIE SICH ALS BEURTEILER WEITERENTWICKELN

Wollen Sie Ihre Beurteilungsfähigkeiten erweitern, dann können Rollenspiele Ihnen eine wertvolle Hilfe sein. Wenn Sie die Antwort auf eine schwierige Frage bereits eingeübt haben, können Sie später während des tatsächlichen Gesprächs mit größerer Bestimmtheit antworten. Denken Sie auch darüber nach, einen Kurs zu absolvieren, der Ihnen hilft, bessere Beurteilungsgespräche durchzuführen. Rollenspiele sind meist auch ein Hauptbestandteil derartiger Kurse. Vor einem solchen Kurs sollten Sie sich Notizen zu Mitarbeitern machen, für deren Beurteilung Sie zuständig sein werden. Diese Aufzeichnungen können Sie dann als Beispiele verwenden, ohne eine Indiskretion zu begehen.

# DER BEURTEILUNGSPROZESS IM RÜCKBLICK

Analysieren Sie den gesamten Beurteilungsprozess, und blicken Sie auf alle Beurteilungen zurück, die Sie in den letzten 12 Monaten durchgeführt haben. Überlegen Sie, was Sie über sich selbst als Beurteiler gelernt haben und ob Ihre Beurteilungsgespräche effektiv waren. Erst mit einem gewissen Abstand werden Sie in der Lage sein, Muster zu erkennen und festzustellen, in welchen Bereichen Sie sich als Beurteiler weiterentwickeln müssen. Vielleicht müssen Sie sich fortbilden, um auch dann motivationsförderndes Feedback geben zu können, wenn Sie einem Mitarbeiter unangenehme Inhalte vermitteln. Möglicherweise müssen Sie für eine klarere Aufgabenverteilung oder leichter messbare Zielsetzungen sorgen. Fragen Sie sich, ob Sie für die Vorbereitung, Durchführung und Nachbereitung von Beurteilungsgesprächen genug Zeit vorgesehen haben. Waren Ihre Beurteilungen fair? Haben Sie alle aus Ihrem Team nach gleichen Maßstäben beurteilt? Was haben Sie im Lauf des letzten Jahres über Beurteilungen oder über sich selbst gelernt?

## WICHTIGE FRAGEN

**F** Wie gut habe ich mich vorbereitet? Habe ich alle Fakten eruiert und die nötigen Aufzeichnungen zusammengestellt?

**F** Wie viel Prozent eines Gesprächs habe ich mit Zuhören verbracht und wie gut habe ich zugehört?

**F** War mein Feedback ausgewogen? Habe ich hauptsächlich positives Feedback und Anregungen zu Entwicklungsmöglichkeiten gegeben?

### ▼ ANREGUNGEN SAMMELN

*Bitten Sie Mitglieder Ihres Teams, Ihnen ehrlich mitzuteilen, wie hilfreich sie die Beurteilungsgespräche fanden, damit Sie Ihre Beurteilungsfähigkeiten weiterentwickeln können. Fragen Sie die Mitarbeiter, ob sie mit dem erhaltenen Feedback zufrieden waren und ob sie bestimmte Aspekte für verbesserungsfähig halten.*

*Führungskraft fragt Mitarbeiter, ob sie genug Zeit hatten, sich auf ihre Beurteilung vorzubereiten.*

# TESTEN SIE IHRE FÄHIGKEITEN ALS BEURTEILER

*Beantworten Sie die folgenden Fragen möglichst ehrlich, um einzuschätzen, wie es Ihnen gelingt, die Entwicklung von Mitarbeitern durch Feedback und Beurteilungsgespräche zu fördern. Kreuzen Sie die 1 an, wenn Ihre Antwort »nie« lautet, die 4, wenn »immer« zutrifft. Zählen Sie Ihre Punkte zusammen und ziehen Sie den Auswertungsschlüssel zu Rate. Ermitteln Sie anhand Ihrer Antworten, wo Sie sich verbessern müssen.*

**ANTWORTEN**

1 Nie

2 Gelegentlich

3 Oft

4 Immer

**1** Ich gewöhne meine Mitarbeiter an regelmäßiges Feedback.

1 2 3 4

**2** Ich lasse Mitarbeiter zur effektiven Vorbereitung eine Selbsteinschätzung vornehmen.

1 2 3 4

**3** Ich denke bei den Arbeitszielen an das Team und das Unternehmen.

1 2 3 4

**4** Ich wähle sinnvolle Erfolgsmaßstäbe.

1 2 3 4

**5** Ich übertrage meinen Mitarbeitern so viel Verantwortung wie möglich.

1 2 3 4

**6** Ich halte meine Mitarbeiter an, mit Lösungen zu mir zu kommen statt mit Problemen.

1 2 3 4

**7** Ich wähle sorgfältig die Themen für das Beurteilungsgespräch aus.

1 2 3 4

**8** Ich stelle vorher Aufzeichnungen über die Leistungen eines Mitarbeiters zusammen.

1 2 3 4

**9** Ich überlege mir vorher, was ich für die Entwicklung des Betreffenden tun kann.

1 2 3 4

**10** Ich bin mir im Klaren, welche Zusagen ich auf eigene Verantwortung machen kann.

1 2 3 4

**11** Ich führe Beurteilungsgespräche in einer vertraulichen Atmosphäre durch.

1 2 3 4

**12** Ich bin meinen Mitarbeitern gegenüber fair und objektiv und behandle jeden gleich.

1 2 3 4

**13** Ich denke darüber nach, wie ich konstruktives Feedback gebe.

1 2 3 4

**14** Ich erkläre am Anfang des Beurteilungsgesprächs den weiteren Ablauf.

1 2 3 4

**15** Ich vereinbare zu Beginn des Gesprächs mit dem Beurteilten die Tagesordnung.

1 2 3 4

**16** Während des Beurteilungsgesprächs höre ich die meiste Zeit zu.

1 2 3 4

**17** Mir ist klar, dass meine Äußerungen im Gespräch Folgen für Dritte haben können.

1 2 3 4

**18** Ich finde heraus, was meine Mitarbeiter belastet.

1 2 3 4

**19** Ich setze Körpersprache ein, um dem Beurteilten seine Anspannung zu nehmen.

1 2 3 4

**20** Ich stelle sicher, dass der Beurteilte entschlossen ist, den Aktionsplan auszuführen.

1 2 3 4

**21** Ich bereite mich auf mögliche Einwände des Beurteilten vor.

1 2 3 4

**22** Ich bitte den Beurteilten, Lösungsvorschläge zu machen, bevor ich eigene Ideen äußere.

1 2 3 4

**23** Ich vereinbare mit einem Mitarbeiter Lernziele, bevor er an einer Schulung teilnimmt.

1 2 3 4

**24** Ich rege Mitarbeiter an, alle Chancen zu sehen, die ihnen das Unternehmen bietet.

1 2 3 4

**25** Ich achte darauf, dass der Beurteilte seinen Aktionsplan selbstständig niederschreibt.

1 2 3 4

**26** Ich fordere den Beurteilten auf, die Ergebnisse des Gesprächs zusammenzufassen.

1 2 3 4

**27** Ich überprüfe die Entwicklungspläne meiner Mitarbeiter regelmäßig.

1 2 3 4

**28** Ich kenne die Freizeitinteressen meiner Mitarbeiter.

1 2 3 4

**29** Ich frage die Teilnehmer unmittelbar nach Schulungen nach deren Nutzen.

1 2 3 4

**30** Ich prüfe, ob mehrere Mitarbeiter ähnlichen Fortbildungsbedarf haben.

1 2 3 4

**31** Ich gestalte mit dem Sechs-Phasen-Schema Sitzungen mit dem ganzen Team.

1 2 3 4

**32** Ich bitte nach jeder Beurteilung um Feedback für mein Verhalten als Beurteiler.

1 2 3 4

## AUSWERTUNG

Ermitteln Sie Ihre Gesamtpunktzahl, und ordnen Sie Ihr Ergebnis ein. Unabhängig davon, welchen Fähigkeitsgrad Sie erreicht haben, sind Verbesserungen immer möglich. Bestimmen Sie Ihre Schwächen und konsultieren Sie dann die entsprechenden Abschnitte dieses Buches, um praktische Hinweise und Tipps zu finden.

**32–63:** Ihre Fähigkeiten als Beurteiler reichen noch nicht aus, um das Potenzial Ihrer Mitarbeiter voll zur Geltung zu bringen. Denken Sie darüber nach, ob Sie sich gründlich genug vorbereiten.

**64–95:** Sie sind ein passabler Beurteiler, sollten aber nach Bereichen suchen, in denen Sie sich noch weiterentwickeln können.

**96–128:** Sie sind ein guter Beurteiler. Trotzdem sollten Sie von Ihnen beurteilte Mitarbeiter um Feedback bitten.

# REGISTER


## A

Abgelenktheit, Leistungsschwächen, 49
Abschlussbewertungen, 59
Ad-hoc-Besprechungen, 59
Ängste erkennen, 40
Aktionspläne, 39
- Maßnahmen festhalten, 54
- Gesprächsergebnisse zusammenfassen, 56

Ambitionen, 52–53
Arbeitsmoral:
- Aufgaben delegieren, 17
- Feedback und, 6

Arbeitsziele, siehe Ziele
Atmosphäre, Schaffung einer positiven, 26–27
Autorität, Infragestellung von, 46

## B

Beförderungen, 17, 52–53
Beurteiler:
- Rolle des Beurteilers, 18
- Selbstbeurteilung, 64–65

Beurteilter, Rolle des Beurteilten, 19
Beurteilungsgespräche:
- Aufbau, 30–31
- Beurteilungsmethoden, 8–9
- Durchführung, 32–57
- Nachbereitung, 58–65
- Sinn und Zweck, 6–17
- Team-Beurteilungen, 62–63
- Vorbereitung, 18–31
- Zusammenfassung, 56–57

Beurteilungsprotokolle, 33, 56–57
Blickkontakt, 27
- Aktiv zuhören, 37
- Signale verstehen, 40–41

## D

Delegieren:
- Eigenverantwortung fördern, 14
- Mitarbeiter motivieren, 17

Dialog fördern, 36–37
Diskretion, 26
360-Grad-Beurteilungen, 9

## E

Eigeninitiative fördern, 15
Eigenverantwortung fördern, 14
Eignung, Leistungsschwächen, 49
Einweisung von neuen Angestellten, 10
Engagement beurteilen, 44–45
Entfremdung, Leistungsschwächen, 49
Entwicklung:
- Entwicklungsbewertung, 61
- Entwicklungsmöglichkeiten erörtern, 50–51
- Entwicklungspläne umsetzen, 60–61
- persönliche Entwicklungspläne 10, 60–61
- planen, 11
- verfolgen, 7, 21

Erfolge:
- belohnen, 16–17
- Vorstellung des Beurteilten, 29

Erfolgskriterien, 12–13, 22–23
Ergebnisbesprechungen, Fortschritte überwachen, 58–59

## F

Fähigkeiten, Entwicklungspläne umsetzen, 60–61
Feedback:
- Beurteilungsfähigkeiten erweitern, 64
- Beurteilungsmethoden, 8–9
- Erfolge belohnen, 16
- konstruktives Feedback, 31
- nach dem Beurteilungsgespräch, 57
- Sinn und Zweck von Beurteilungen, 6–7
- Teambeurteilungen, 63
- von neuen Angestellten, 10

Formulare:
- Aktionspläne, 54
- Beurteilungsprotokolle, 33, 56–57
- Selbsteinschätzung, 19

Fortbildung:
- Entwicklung des Teams, 63
- Entwicklung planen, 11
- Entwicklungsaktivitäten, 21
- Entwicklungsmaßnahmen treffen, 51
- Erweiterung von Beurteilungsfähigkeiten, 64
- Leistungsschwächen, 49
- überwachen, 61

Fortschritte:
- Beurteilen Sie sich selbst, 64–65
- Termine für Ergebniskontrollen, 45
- überwachen, 58–59

Fragebögen:
- 360-Grad-Beurteilung, 9
- Selbsteinschätzung, 19

Fragetechniken:
- Dialog fördern, 36
- Ergebnisbesprechungen, 59
- Zukunftsplanung, 52

## G

Gehaltserhöhungen, Erfolge belohnen, 16
Geschenke, Erfolge belohnen, 16
Gesichtsausdrücke, Signale verstehen, 40–41
Gespräche:
- Abbruch, 47
- Ablauf, 30–31
- Dialog fördern, 36–37
- Einstieg, 32–33
- Ergebnisse, 56–57
- Gesprächsführung, 38
- mit neuen Angestellten, 10
- Schaffung einer positiven Atmosphäre, 26–27
- schwierige Situationen, 46–47
- Tagesordnung, 31, 34–35

Glaubwürdigkeit wahren, 46
Gruppenschulungen, 63

## H

Harmonie, 43
Harmonische Körpersprache, 43
Hierarchie der Bedürfnisse, 17

# I
Intelligente Ziele, 12
# J
Japan, Kulturelle Unterschiede, 41
# K
Kompetenzen klären, 24
Körperhaltung:
des Beurteilers, 42
des Beurteilten, 42
angleichen, 43
Körpersprache:
Aktiv zuhören, 37
des Beurteilers, 42
Feedback des Beurteilten, 57
harmonische, 43
Signale verstehen, 40
Kreativität fördern, 28
Kritik, konstruktives Feedback, 31
Kulturelle Unterschiede, 41, 42
# L
Lagebesprechungen, Ergebniskontrollen, 59
Langfristige Perspektiven, 11
Leistung:
Erfolge belohnen, 16
Feedback, 6–7
Leistungsbewertung, 7, 20–21
Leistungsmaßstäbe, 12–13
Leistungsschwächen beheben, 48
Maßstäbe setzen, 23
Lernen:
Lernziele definieren, 51
Kontinuierliche Lernprozesse, 60
Lob, 15, 31
# M
Maßnahmen festhalten, 54
Maßstäbe, 12–13, 22–23
Matrix, Top-down-Beurteilung, 8
Messbare Ziele, 22
Motivation:
Erfolge belohnen, 17
Eröffnung des Gesprächs, 32
Fortschritte überwachen, 58
Gesprächsablauf, 30
konstruktives Feedback, 31
Leistungsschwächen, 49
Ziele definieren, 22
# N
Negatives Feedback, 31
Nervosität des Beurteilten, 32, 42
Neubesetzungen planen, 11
Neurolinguistisches Programmieren (NLP), 43
# O
Objektivität, 28–29
# P
Peer-Beurteilung, 8
Personalentwicklung, siehe Entwicklung
Personalförderung, siehe Entwicklung
Persönliche Entwicklungspläne, 11, 50, 61
Perspektiven, Diskutieren über, 52–32
Planung:
eines Beurteilungsgesprächs, 24–25
Persönliche Entwicklungspläne, 11, 50, 61
Probleme:
Schwierige Situationen meistern, 46–47
Leistungsschwächen, 48–49
Projektplanung, 55
# R
Rollen:
Rolle des Beurteilers, 18
Rolle des Beurteilten, 19
Rollenspiele, Beurteilungsfähigkeiten erweitern, 64
Rückmeldung, siehe Feedback
# S
Schwierige Situationen, 46–47
Sechs-Phasen-Schema, Teamgeist fördern, 62
Selbsteinschätzung des Beurteilten, 9, 19
Selbstvertrauen:
Ruhe ausstrahlen, 32
Zeichen von, 41
Stellenbeschreibungen:
aktualisieren, 10,11, 20
Funktion von, 10
Suggestivfragen, 36
# T
Tagesordnung, Beurteilungsgespräche 31, 34–35
Team:
Auf Erfolgen aufbauen, 17
Entwicklungsbedarf erkennen, 23
Messbare Ziele formulieren, 22
Teambeurteilungen, 62–63
Unternehmensinteressen wahren, 53
Teilergebnisse, Besprechungen über, 59
Termine:
einhalten, 45
Fortschritte überwachen, 58
Tonfall:
Feedback des Beurteilten, 57
Signale verstehen, 40, 41
Top-down-Beurteilungen, 8
# V
Verantwortlichkeiten klären, 15
Vertrauen, 26, 32
Vertraulichkeit, 26
Vordrucke, siehe Formulare
Vorurteile vermeiden, 28–29
# W
W-Fragen:
Dialog fördern, 36
Ergebnisbesprechungen, 59
schwierige Situationen, 46
Zukunftsplanung, 52
# Z
Zeitplanung, 34, 38
Ziele:
definieren, 22–23
Bestimmung von Arbeitszielen, 11
Eigenverantwortung fördern, 14
Erfolgskriterien, 22
Fragetechniken, 36
intelligente, 12
Leistungsbewertung, 20
Lernziele, 51
Projektplanung, 55
Teambeurteilungen, 63
verwirklichen, 12–13
Zweck der Beurteilung, 35
Zuhören, aktives, 31
Zukunftsplanung, 52–53

# DANK


## DANK DER AUTOREN

Ein Buch wie dieses ist zu einem großen Teil das Ergebnis von Teamarbeit, und die Autoren zollen allen Spezialisten, die an der Produktion dieses Buches beteiligt waren, höchste Anerkennung. Adèle Heyward, Nigel Duffield und Jamie Hanson von Dorling Kindersley haben viel zum Inhalt des Buches beigetragen; bei Cooling Brown hat Arthur Brown sein gestalterisches Talent beigesteuert, während Mandy Lebentz sich erneut als sorgfältige Lektorin mit Motivationstalent erwiesen hat. Bei allen bedanken wir uns.

## DANK DES VERLAGS

Dorling Kindersley dankt folgenden Personen für ihre Hilfe und Zusammenarbeit bei der Herstellung dieses Buches:

**Fotos:** Steve Gorton.

**Fotomodelle:** Roger Andre, Phil Argent, Angela Cameron, Brent Clark, Jeanie Fraser, Sander de Groot, Emma Harris, Roger Mundy, Steve Newell, Kaz Takabatake, Suki Tan, Peter Taylor, Anastasia Vengeroua, Ann Winterborn, Roberta Woodhouse.

**Bildrecherche:** Cheryl Dubyk-Yates.
**Bildarchiv-Assistenz:** Melanie Simmonds.

**Make-up:** Janice Tee.

**Bildrecherche:** Anna Grapes.
**Bildarchiv-Assistenz:** Melanie Simmonds.

**Lektorat:** Alison Bolus, Fiona Wild, Kate Bresler. **Register:** Hilary Bird.

## BILDNACHWEIS

**Digital Vision:** 23, **PhotoDisc:** 61, **The Stock Market:** Jose L. Palaez 4-5; Jeff Zaruba 63.


---

## ÜBER DIE AUTOREN

**Ken Langdon** hat auf dem Gebiet des Verkaufs- und Marketingmanagements in der Computerbranche gearbeitet. Als freier Berater hat er vielen Führungskräften geholfen, ihr Personal besser zu betreuen und zu beurteilen. Darüber hinaus hat er in den USA, Europa, Asien und Australien Vorlesungen über strategisches Denken und Planen gehalten und war als Strategieberater für viele Unternehmen tätig, unter anderem für den Computerriesen Hewlett Packard.

**Christina Osborne** war Personalleiterin und ist heute eine anerkannte Sachverständige und Beraterin für Personalfragen. Sie besitzt vielfältige Erfahrung in den Bereichen Beurteilung, Coaching und Kommunikation und ist als Leiterin der Personalberatungsfirma Business Solutions seit zehn Jahren damit beschäftigt, Beurteilungssysteme auf die Personalpolitik und Geschäftsstrategie von Unternehmen im öffentlichen und privaten Sektor abzustimmen. Christina Osborne war am Arbeitsgericht tätig, hat Vorlesungen an Wirtschaftsakademien gehalten und ist Mitglied des Institute of Personnel and Development und des Institute of Directors in Großbritannien.